AF388494

Bernd Engel

Historische Streiflichter aus Sachsenwaldau

Ein Lesebuch

Inhalt

Vorwort

Wer heute den Ort Sachsenwaldau im Nordosten der Stadt Reinbek besucht, der erfreut sich an Ruhe und Abgeschiedenheit des ehemaligen Gutshauses. Dass dieser beschaulich-stille Flecken Erde auch schon Menschen aus der Jungsteinzeit, Nonnen aus dem 13. Jahrhundert und gegen Ende des 19. Jahrhunderts den „Eisernen Kanzler" Bismarck kennenlernen durfte, kann man sich angesichts der weitgehend unberührt wirkenden Natur zunächst kaum vorstellen. Denn wie schrieb schon das „Hamburger Fremdenblatt" in etwas ungelenkem Deutsch am 9. August 1899:

> *„Von allen Gegenden des weiten Umkreises hat keine so sehr ihren ursprünglichen, idyllischen Charakter bewahrt, als die holsteinische Billufergegend von Sachsenwaldau (früher Mühlenbek)."*

Der sich stets der Aufklärung verpflichtet fühlende Philosoph und Physiker Moritz Schlick (1882-1936) schrieb in seinem Traktat „Wirklichkeitsprobleme" über die „Zeitlichkeit des Wirklichen" beziehungsweise sehr konkret über das „Sein vergangener Wirklichkeiten"[1]:

> *„Niemals wird sich mit schlechthin vollkommener Gewißheit ermitteln lassen, ob das vorgestellte Gewesene auch in der Weise wirklich war, wie es vorgestellt wird; je genauer wir es aber räumlich und zeitlich lokalisieren können, desto sicherer sind wir, die Wirklichkeit getroffen [zu] haben."*

Ersteres gilt gewiss auch für die unterschiedlichen Phasen in der Historie Sachsenwaldaus. Doch Archäologie und Geschichtswissenschaften haben in den letzten Jahrhunderten so manche Mosaiksteine zusammentragen können, die „das vorgestellte Gewesene" verdichten und präzisieren. Mit diesem Verständnis

---

[1] Schlick 1918, S. 167

schaut auch das vorliegende Buch auf all die anthropogenen Ereignisse am Ufer der Bille in den letzten fünf, sechs Jahrtausenden.

Aktuell werden das Gutshaus, die Nebengebäude und das umliegende Gelände von einer therapeutischen Einrichtung des Hamburger Sozialunternehmens „Fördern & Wohnen" genutzt, was stets mit entsprechenden Erwartungen und Hoffnungen der Bewohner an „ihren" Ort, an Sachsenwaldau verbunden ist. Auch diese Zeit, die Nachkriegsjahre und die Gegenwart Sachsenwaldaus, findet mit ihren Ereignissen und Entwicklungen im Buch chronologische Aufnahme.

Dankeschön

Die Idee zu diesem Buch entwickelte sich aus der Serie „Historische Streiflichter aus Sachsenwaldau", die der Autor im „Gemeindespiegel" der ev.-luth. Ansgar-Kirchengemeinde Schönningstedt-Ohe veröffentlichen durfte. Allerdings ist die Idee zu einem Buch die eine Sache; dieses dann zu realisieren eine ganz andere. Am Ende hatte auch dieses Sach- und Lesebuch einige Helfer, denen der Autor danken möchte:

- Heike Günther, die zum letzten Kapitel „Sachsenwaldau Nummer 8" zwei Fotos beisteuerte,
- Ronald Hartmann, der ein wunderschönes Foto des Hauptgebäudes für das Cover lieferte,
- die Genealogische Gesellschaft Hamburg e.V. für die Nutzung der Bibliothek und hilfreiche Ratschläge vor Ort,
- Silke Althoff von der ev.-luth. Ansgar-Kirchengemeinde Schönningstedt-Ohe und den ehemaligen Reinbeker Stadtführer Hermann Becker für so manchen Hinweis zur Oher Heimatgeschichte,
- Reinhard Streuling für die Überlassung alter Dokumente, Broschüren,
- Sabine Engel, Ehefrau des Autors und seit etwa 20 Jahren in Sachsenwaldau als Leiterin der Beschäftigung tätig, die als geduldige Zuhörerin und Antwortgeberin mannigfaltig Hilfestellung leistete
- und nicht zuletzt dem Bewohner-Beirat der sozialtherapeutischen Einrichtung Sachsenwaldau für Befürwortung und Ermunterung zu dieser Buchidee.

Die ersten Siedler von Sachsenwaldau

Langgestreckte Zeugen tief im Wald

Wenige hundert Meter östlich des Gutshauses Sachsenwaldau, jenseits der Bille, liegt der Forstbezirk Alter Hau. Ein Gebiet, das mit seinen prähistorischen Hünengräbern in der Neuzeit einige Aufmerksamkeit erregte.

In den zum Waldstück Alter Hau gehörigen Arealen Jagen 289 und Jagen 290 befinden sich acht rechteckige, großflächige Gräber ohne Kammern[2], die in der Fachliteratur als „Hünenbetten" klassifiziert werden. Sie entstanden zwischen 3500 und 2800 vor Christus in der Jungsteinzeit, dem Neolithikum, bzw. in der Zeit der Trichterbecherkultur (TBK). Nach Meinung des Reinbeker Historikers Dirk Bavendamm rührt das Wort „Hünenbett" vom altfriesischen „hennebed" (= Totenbett) her. In der wissenschaftlichen Literatur dominiert dagegen der Verweis auf das mittelhochdeutsche, selbsterklärende „huine" (= Hühne, Riese)[3].

Obwohl diese Gräber zum Teil tief versteckt im Wald lagen, wurden Mitte des 19. Jahrhunderts des Öfteren große Steine von kleineren Hügelgräbern entfernt und zum Straßenbau benutzt. Die großen Hünenbetten blieben weitgehend unangetastet. Die „Staats und Gelehrte Zeitung des Hamburgischen unpartheiischen Correspondenten" schrieb dazu am 24. August 1837:

> *„Es ist, dem Vernehmen nach, der mit dem Chausseebau beauftragten Behörde hohen Ortes gestattet worden, hin und wieder Steine in den K. Waldungen, nach örtlicher Anweisung des Forstpersonals, auszugraben; für die*

---

[2] Es gab Hünengräber mit Steinkammern für einzelne Tote, und es gab Hünengräber ohne Kammern.
[3] Vgl. Bavendamm 1996, S. 70f, Bakker 2010, S. 5

Schonung der größeren Hünengräber [...] aber ist von einem Forstbeamten auch schon früher Sorge getragen. "

Alter Hau 1

Das über die Jahrtausende gut erhaltene Grab Alter Hau 1 erwartet heute seine Besucher mit einer großen Informationstafel. Bei den sieben anderen Hünenbetten respektieren die öffentlichen Stellen die Ruhe der frühen Vorfahren. Ein Besucher muss schon tief in den Wald hineingehen, will er diese finden und besichtigen. Allerdings wurden die genauen Koordinaten der Gräber mittels moderner Laservermessung[4] bzw. ermittelter LIDAR-Daten (Light Detection and Ranging) inzwischen äußerst präzise erfasst.

Das Hünengrab Alter Hau 1 wurde mit 154 mal 8,5 Metern, ausgerichtet in Nordwest-Südost-Richtung, äußerst großzügig angelegt. Ein bis eineinhalb Meter hohe Felsgesteine, Megalithen[5], schützten die Gräber seitlich. In der Fachliteratur finden sich häufig auch die Bezeichnungen „Langgräber" oder „Riesengräber" für Grabanlagen dieser Art.

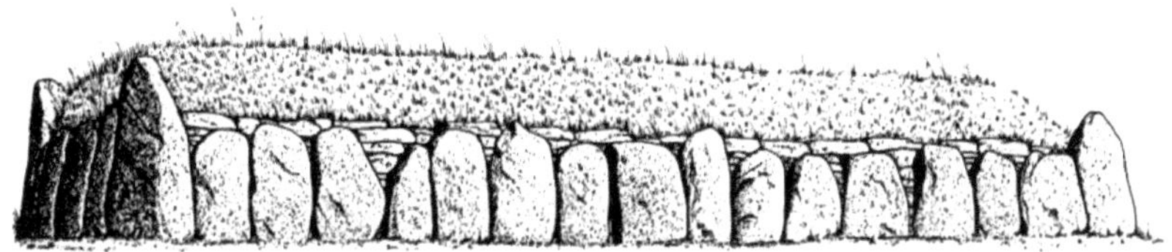

Abb. 1: Typisches Hünengrab mit seitlichem Schutz // Bild: Hauke-stieler – eigenes Werk; Ausschnitt + digitale PostPro; CC BY-SA 4.0

Die großen Findlinge waren Relikte aus der Eiszeit, die von Gletschern hinterlassen wurden. Während die Menschen der Jungsteinzeit beim profanen Hausbau eher Holz, Lehm, Stroh und Reisig nutzten, erschienen ihnen diese Materialien für die Gedenkstätte ihrer Ahnen wohl zu gewöhnlich, zu vergänglich. So nutzten sie die großen, Felsblöcke, um die gemeinschaftlichen Grabstätten zu befestigen. Johannes Müller, Professor für Ur- und Frühgeschichte an der Kieler

---

[4] Die Geländeoberfläche wird von niedrig fliegenden Erfassungsflugzeugen gescannt.
[5] Mit „Megalith" (mégas = groß; líthos = Stein) bezeichnet man in der ur- und frühgeschichtlichen Archäologie einen wuchtigen, groben, da unbearbeiteten Felsbrocken.

Christian-Albrechts-Universität, sieht neben dem Schutz der Grabstätte einen weiteren Grund für das Bewegen der Megalithen[6]:

> *„[...] die Einführung des Hakenpfluges, [...] mit so einem Hakenpflug stören einfach die Findlinge, die ja noch überall rumlagen. Ich glaube, man hat so eine praktische, profane Angelegenheit dann eben verbunden mit Toten-Ritualen – die Ahnen wurden eingesetzt, um die Felder, die Landschaft, die Gemarkung zu markieren. "*

Die Hünengräber in Norddeutschland waren keineswegs einem elitären Kreis von Anführern, Häuptlingen oder Großbauern vorbehalten. Alle Menschen der jungsteinzeitlichen Gesellschaft fanden Aufnahme. Entsprechend mussten auch alle zu Lebzeiten mit anpacken, um die schweren Megalithen an die richtige Stelle und in die richtige Position zu bringen.

Archäologen gehen bei den ersten Bauern der Trichterbecherkultur-Zeit (TBK) von weitgehend hierarchiefreien, egalitären Gesellschaften aus. Überdies kannten diese Gesellschaften noch keine Schrift, so dass das aufwändige Totengedenken nicht unerheblich zum generationsübergreifenden Zusammengehörigkeitsgefühl der jungen bäuerlichen Gemeinschaften beitrug.

Die Grabstätten wurden in der wissenschaftlichen Forschung zunächst „Nordische Riesensteingräber" genannt, da sie nicht nur in den Bundesländern Niedersachsen, Schleswig-Holstein, Mecklenburg-Vorpommern, sondern auch in Dänemark und Polen in nennenswerter Zahl vorkamen. Geprägt wurde der Begriff vom deutschen Archäologen Ernst Sprockhoff (1892-1967)[7], der sich Zeit seines Lebens der Erkundung der Hünengräber, vorwiegend im norddeutschen Raum, widmete. So erfasste der Archäologe in seinem Lebenswerk, dem „Atlas der Megalithgräber Deutschlands", etwa 1.000 Grabanlagen dieser Art und nummerierte sie systematisch durch. Diese Zahlenzuordnung kommt bis heute in der Fachliteratur zur Anwendung. So befinden sich östlich von Sachsenwaldau nach

---

[6] Hennies 2015, Unter: https://www.deutschlandfunk.de/norddeutschland-huenengraeber-liefern-einsichten-in-die-100.html (Abgerufen: 5. August 2023)

[7] Vor und während der NS-Zeit sympathisierte Ernst Sprockhoff mit deutschnationalen, später auch nationalsozialistischen Verbänden und Organisationen. Bereits von 1920 bis 1923 gehörte er dem paramilitärischen Frontsoldatenverband „Stahlhelm" an. Auch der SA schloss er sich schon vor 1933 an. 1933 trat er dem Nationalsozialistischen Lehrerbund und 1937 schließlich der NSDAP bei. Nach dem WK II blieb Sprockhoff zwei Jahre in britischer Kriegsgefangenschaft. Anschließend übernahm er 1947 bis zu seiner Emeritierung im Jahre 1958 das Ordinariat für Vorgeschichte an der Universität Kiel.

Sprockhoff'scher Lesart die Hünenbetten 289–295[8]. Die gut erhaltene Grabanlage Alter Hau 1 entspricht der Sprockhoff-Nummer 289.

Die Menschen in der Trichterbecherkultur-Zeit

Auch wenn in der TBK-Zeit, 4200 bis 2800 vor Christus, noch nicht von einer voll entwickelten, bäuerlichen Landwirtschaft gesprochen werden kann, so gibt es doch deutliche Hinweise, dass die Menschen konsequent und diszipliniert Viehzucht (Schafe, Ziegen, Schweine) und Ackerbau (Buchweizen, Hirse, Gerste, Kohl) betrieben, so dass sie schließlich sesshaft wurden. Das notwendige fachliche Wissen wurde mündlich tradiert und stammte ursprünglich von frühen Migranten aus dem Vorderen Orient, die bereits zu Beginn der Jungsteinzeit bis nach Mitteleuropa vordrangen.

Abb. 2: Hünengrab Alter Hau 1 // Bild: Hauke-stieler - eigenes Werk; CC BY-SA 4.0

Mit diesen neuen Möglichkeiten legten die niedergelassenen, norddeutschen Neolithikum-Bauern nach und nach den bis dahin vorherrschenden Lebensstil der nomadischen Wildbeuter der mittleren Steinzeit (Mesolithikum) ab. Zur Vorratshaltung und Bewirtschaftung ihrer Haushalte nutzten sie einfache Keramiken, zumeist mit bauchigem Unterbau und trichterförmigem Oberteil, Kragenflaschen oder eben Trichterbecher[9] genannt, was der Epoche schließlich den Namen gab. Auch im Waldstück Alter Hau wurden im 20. Jahrhundert diverse Keramikscher-

---

[8] Eines der acht Gräber im Forstbezirk Alter Hau blieb unnummeriert.
[9] Trichterbecher-Keramiken wurden auch bisweilen den Verstorbenen als Grabbeigabe mitgegeben.

ben und Flintobjekte[10] gefunden, in der Nähe des Hünengrabs Sprockhoff Nr. 291 sogar en passant ein Bronzearmband.

Mit der neuen Sesshaftigkeit, der neolithischen Revolution[11], erfuhr das Verhältnis zum bewirtschafteten Land einen markanten, nachvollziehbaren Wandel. Während zuvor die Jäger und Sammler ohne große Sentimentalitäten weiterzogen, wenn andernorts eine bessere Versorgung lockte, entwickelten die niedergelassenen Ackerbauern und Viehzüchter mit der Zeit eine enge Beziehung zur eigenen Scholle, zum eingezäunten Weideland. Dabei erfüllten auch die mächtigen Hünengräber eine keineswegs unwichtige Funktion, nämlich die eines identitätstiftenden Bekenntnisses zur eigenen Region. Generell werden die kammerlosen Grabanlangen als deutlicher Entwicklungsschritt der jungen bäuerlichen Gesellschaft in der TBK-Zeit gewertet. Dazu noch einmal Johannes Müller[12]:

> *„Neolithische Monumente sind Ausdruck der Kultur und Ideologie jungsteinzeitlicher Gesellschaften. Ihre Entstehung und Funktion gelten als Kennzeichen der sozialen Entwicklung".*

Die Knochen der Toten sind heute nicht mehr auffindbar. Die sauren Böden Norddeutschlands haben die Skelettreste schon vor langer Zeit aufgelöst. Auf die großen Gemeinschaftsgräber folgten später Einzelgräber. Die Toten wurden in Tierhäute gehüllt, in ausgehöhlte Baumstämme gelegt und dann begraben. Mit diesen Einbäumen sollten die Verstorbenen, so der Wunsch und die Hoffnung der Hinterbliebenen, in das Reich der Toten hinübergleiten.

Die Gegend rund um das heutige Gutshaus Sachsenwaldau blieb auch in der Bronze- (1800 bis 800 v.Chr.) und Eisenzeit (1200 bis 550 v. Chr.) bewohnt. Einige Historiker vermuten, dass es im Raum Reinbek zu dieser frühen Zeit bereits erste dorfähnliche Streusiedlungen gab. In jedem Fall ist es unstrittig, dass sich bereits vor etwa 5.000 Jahren Menschen im Umfeld Sachsenwaldaus dauerhaft niederließen.

---

[10] Von Menschenhand gefertigte spitze, scharfe Werkzeuge oder auch Kriegswaffen aus Feuerstein.

[11] Übergang vom Nomadentum mit „extraktivem Wirtschaften" hin zum sesshaften, produzierenden Leben. Vgl. auch Bavendamm 1996, S. 70: „Damals aber, im Neolithikum, war die seßhafte Lebensform grundstürzend neu."

[12] Müller 2010, S. 15

14

Ein Frauenkloster in mystischer Zeit

Es begann mit einer Kapelle

Vom Neolithikum geht es direkt ins 13. Jahrhundert, genauer gesagt in das Jahr 1224. An der Mündung des Baches Hoibeke (auch Hoibek genannt) in die Bille befand sich die erste, urkundlich erwähnte Ansiedlung im Stadtgebiet des heutigen Reinbeks[13] in Form eines kleinen Gotteshauses, einer Kapelle. Dieses Areal wurde seinerzeit „auf der Fordersten Heubeken" oder später „zu Hoibeke" genannt[14].

Besagte Kapelle, eine Kapelle zu Ehren der Heiligen Maria Magdalena, war gerade erst von einem Mönch[15] namens Luder – in einigen Quellen auch Lüder genannt – errichtet worden. Historiker Dirk Bavendamm geht von einer sehr schlichten Kapelle aus[16]:

> *„Wahrscheinlich handelte es sich um ein sehr kleines und einfaches Gebäude aus Holz oder groben Feldsteinen, die man mit Menschenkraft bewegen konnte. Viele Hilfsmittel werden dem Bruder Luder nicht zur Verfügung gestanden haben. Vielleicht halfen ihm die Bauern der umliegenden Dörfer und Höfe bei seiner Arbeit. Vielleicht wurde an die Kapelle noch eine kleine Klause angebaut, in die er nachts hineinkriechen konnte. "*

---

[13] In der gleichen Urkunde wurde zudem „Sconigstede" (Schönningstedt) erwähnt.

[14] Der Name des Fließgewässers Hoibek(e) wurde im Zeitverlauf wohl auch zur Ortsbezeichnung für das Gebiet, in dem der Bach die Teiche durchfließt und dann in die Bille mündet (Sachsenwaldau). So ist es auch in der Karte zur Verkoppelung (Flurbereinigung) gegen Ende des 18. Jhdts. zum Oher Feld vermerkt: Areal No. 4: Heubecken; Areal No. 5: Forderste Heubeck.

[15] In der von G.C. Friedrich Lisch ermittelten Urkunde wird von einem „frater", also einem Bruder ohne Priesterweihe gesprochen.

[16] Bavendamm 1996, S. 74

Der früh verstorbene Historiker Hans Heuer (1914-1944), der sich 1938 in seiner Dissertation[17] intensiv mit dem Kloster Reinbek und seiner Geschichte auseinandersetzte, vermutete in Luder einen Zisterziensermönch aus Reinfeld, da das junge Frauenkloster zu Hoibeke ab 1229 durch Abt Herbord vom gleichen Zisterzienserkloster (1186-1582) nachhaltige Unterstützung und allgemeine Protektion erfuhr[18].

Benannt wurde das sich entwickelnde Frauenkloster nach der „Patronin der Frauen, der Verführten, der reuigen Sünderinnen" Maria Magdalena. Dieses war im 13. Jahrhundert mit seiner „Bernhardischen Mystik"[19] ein äußerst beliebtes Patrozinium, wie zahlreiche Marien-Magdalenen-Klöster in Europa oder auch in der Levante belegen.

Graf Albert II. von Orlamünde[20], ein Neffe des dänischen Königs Waldemar II. und ab 1202 dessen Statthalter in Nordalbingien (Nordelbien)[21], übertrug der Kapelle von Bruder Luder bereits kurz nach ihrer Errichtung eine Hufe, die wohl zu dieser Zeit in dieser Region etwa 8 ha Land entsprach. Ab 1224 fanden sich an der Kapelle nach und nach fromme Frauen ein. Ihre Herkunft ist bis heute nicht abschließend geklärt. Manche Historiker gehen davon aus, dass die Gründerinnen aus dem nahegelegenen Hamburg stammten, doch belastbare Beweise fehlen, zumal es in der Gründungsphase auch zu keiner größeren Anschubfinanzierung oder zu sonstigen nennenswerten Schenkungen aus adeligen oder klerikalen Kreisen kam, die Aufschluss über die Frage der Herkunft hätten geben können.

Belegt ist jedoch, dass die junge Klosterkommunität sehr früh von Graf Albert II. mit Schenkungen in Höhe von fünf Hufen bedacht wurde. Eine im Juni 1859 vom mecklenburgischen Archivar und Altertumsforscher Georg Christian Friedrich Lisch in Kopenhagen aufgestöberte Bewidmungsurkunde aus dem Jahre 1224 zugunsten des Klosters dokumentiert dies in schriftlicher Form. Lisch

---

[17] Heuers Dissertation wurde 1938 erstellt, aber noch nicht durch einen Verlag publiziert. Der Autor verstarb 1944 in einem Kriegslazarett. 1982 gelangte die Arbeit in die Hände des Historikers Wolfgang Prange (1932-2018), der sie bis 1985 behutsam aktualisierte und unter dem Dach der Gesellschaft für Schleswig-Holsteinische Geschichte veröffentlichte.

[18] Heuer 1985, S. 30

[19] Der Begriff „Bernhardische Mystik" rührte vom Zisterzienser Bernhard von Clairvaux (1090-1153) her, einem Christusverehrer und Prediger, der religiöse Intensität und leidenschaftlichen Reformeifer vorlebte, was in der Kirche bis ins 13. Jahrhundert hinein tiefe Spuren hinterließ.

[20] In diversen Quellen wird der Graf auch Albrecht genannt.

[21] Nordalbingien (Nordelbien) gliederte sich z.Zt. Karls des Großen im 8./9. Jahrhundert in die drei sächsischen Gaue Holstein, Stormarn und Dithmarschen.

fasste seinerzeit den Inhalt der Urkunde respektive die Schenkung des Grafen so zusammen[22]:

> *„Nach dieser Urkunde stand am 12. Nov. 1224 zu Hoibek eine "Kapelle der Heil. Maria Magdalena", bei welcher sich schon Diener oder Dienerinnen des Herrn gesammelt hatten; der Ort war von dem "Bruder Lüder" gegründet und bis dahin mit einer Hufe Landes von dem Grafen Albert bewidmet. Das aus dieser kleinen Stiftung hervorgegangene Kloster stand zuerst zu Hoibek, jetzt Mühlenbek genannt [...].*
>
> *Zur Hebung und Kräftigung des Gottesdienstes in diesem neu gestifteten Kloster bei der Kapelle zu Hoibek schenkte der Graf Albert von Orlamünde am 12. Nov. 1224 demselben zwei noch zu cultivirende Waldhufen[23] in den Bergen von Schöningstedt an der Grenze von Stormarn, drei Hufen zwischen den Flüssen Hoibek und Lembek, die ganze Haide bis Bünebüttel, den Zehnten[24] von zwei Hufen in Billwerder und den Zehnten von Oldenburg und Steinbek. Diese Urkunde ist ohne Zweifel die eigentliche Gründungsurkunde des Klosters Reinbek. [...]"*

Der letzte Satz des Archivars Lisch darf ignoriert werden, da es sich nicht um eine Gründungsurkunde, sondern um eine Bewidmungsurkunde handelt. Trotzdem ist diese Urkunde ein Beleg dafür, dass sich in diesen Jahren an der Bille ein Kloster im Aufbau befand. Und ein valider Beweis, dass dieser Aufbau vom Grafen Albert II. von Orlamünde früh und durchaus opulent unterstützt wurde[25]; also jenem Grafen, der bereits zuvor das Benediktinerinnenkloster in Preetz auf vielfältige Art und Weise förderte.

Dass sich in diesen Anfangsjahren auch schon der Name „Reinbek" einbürgerte, dokumentiert ein Regest, beruhend auf einer Urkunde vom 4. Juni 1226, die vom Bremer Erzbischof Gerhard II. ausgestellt wurde. In der heißt es[26]:

> *„Des Erzbischoffes zu Bremen Confirmation auff Stifftung und Bawung [Bau, d. Autor] des Closters Reinbecke Anno Domini 1226, 2. Non. Junij"*

Zum Namen „Reinbek" mit seinen verschiedenen Schreibvarianten gibt es unterschiedliche Herkunftstheorien[27]. Historiker Bavendamm verweist zum einen auf

---

[22] Lisch 1860, S. 191f
[23] Mit „noch zu cultivierende Waldhufe" waren Grundstücke gemeint, die noch gerodet werden mussten.
[24] „Zehnte" = 10-prozentige Abgabe in Geld oder Naturalien.
[25] v. Reizenstein 1871, S. 78
[26] Bavendamm 1996, S. 75

den Philologen und Onomastiker Wolfgang Laur[28], der „Reinbek" respektive „reine beke" aus „reiner (sauberer) Bach" herleitete. Zudem, so Laur weiter, könne es eine Anlehnung an das nahgelegene und schon bald eng verbundene Zisterzienserkloster Reinfeld sein. Bavendamm kennt aber auch die Theorie des Historikers August Kasch, nach der der Wortbestandteil „Rein" von „Rain", der Grenze, wie zum Beispiel in Anrainer, herrührt. Betrachtet man die Bille im 13. Jahrhundert zum einen als sauberen, reinen Bach – was sollte sie sonst zu dieser Zeit gewesen sein – und zum anderen als Grenzfluss, was sie viele Jahre zwischen der Grafschaft Holstein und der Grafschaft Ratzeburg bzw. dem Herzogtum Lauenburg war, dann erscheint eine Kombination beider Theorien durchaus vorstellbar. Auch Bavendamm kann der Schlussfolgerung, dass der Bestandteil „bek" in Reinbek die Bille meint, etwas abgewinnen.

Aufbruchstimmung zu Hoibeke

Das unmittelbare Umfeld der Kapelle zu Hoibeke, das als Keimzelle des sich entwickelnden Klosters betrachtet werden darf, wurde ab 1225 sukzessive bebaut. Die vom Grafen erhaltenen Hufe wurden gerodet und landwirtschaftlich genutzt. Historiker Heuer sieht die Klostergründung als Folge der im Umland zu verzeichnenden Besiedlung und Geschäftigkeit an. Und nicht, wie es bisweilen bei Männerklöstern der Fall war, in umgekehrter Reihenfolge, nämlich erst das Kloster, dann die Besiedlung. Heuer erläutert[29]:

> *„Als das Kloster in den zwanziger Jahren des 13. Jahrhunderts entstand, war die Siedlungsbewegung in der Umgebung im vollen Gange, und das Beispiel von Preetz zeigt, daß auch ein Frauenkloster in dieser Richtung erfolgreich tätig sein konnte. Aber im allgemeinen ist ein Nonnenkonvent eher ein Erzeugnis, eine Folge des fortschreitenden Landesausbaus, als selbst Veranlasser der Siedlung."*

Zudem geht Heuer von einem echten Klosterleben erst ab 1226, also zwei Jahre nach der Schenkung durch den Grafen Albert II. von Orlamünde, aus[30]:

---

[27] Bavendamm 1996, S. 75f
[28] Laurs Interesse galt der Namensforschung. Seine Erkenntnisse mündeten schließlich in sein Hauptwerk, das „Historische Ortsnamenlexikon von Schleswig-Holstein", Neumünster 1992.
[29] Heuer 1985, S. 22f
[30] Heuer 1985, S. 31

„Es mußten vorher ja auch, wenn auch nur in vorläufiger Form, die notwendigen Baulichkeiten errichtet werden, von denen 1224 nur die spätere Klosterkapelle bereits stand. Da das Jahr 1225 von kriegerischen Wirren erfüllt war (Schlacht bei Mölln usw.), dürften die Nonnen erst zu Beginn des folgenden Jahres das Kloster bezogen haben. "

Reinbek, das Christentum und die mystische Frauenbewegung

Die Bewohner nördlich der Elbe blieben bis weit ins 8. Jahrhundert ihren heidnischen Gebräuchen und Riten treu. Doch als der Frankenkönig Karl der Große gegen Ende der Sachsenkriege im Jahre 798 mit Hilfe der Abodriten die Nordalbingier auf dem Sventanafeld bei Bornhöved, etwa 20 Kilometer östlich von Neumünster, niederrang und die fränkische Seite auch 804 bzw. 809 in neu aufflammenden Gefechten mit Nordalbingiern und Dänen siegreich blieb, da waren die Gebiete nördlich der Elbe, gesichert durch den Limes Saxoniae und die neu errichtete Burg Esesfelth nahe Itzehoe, bereit für die Christianisierung. Zumal auch nördlich der Eider der dänische König Harald I. „Blauzahn" Gormsson[31] im 10. Jahrhundert ebenfalls mit der Missionsarbeit begann. Trotz zwischenzeitlicher Rückschläge fasste die neue Religion im Norden um die Jahrtausendwende endgültig Fuß.

Anfang des 13. Jahrhunderts war das Christentum in Nordalbingien noch immer eine sehr junge Religion. Die jungen Nonnen an der Bille eiferten im Alltag den Zisterziensern, einer Re-

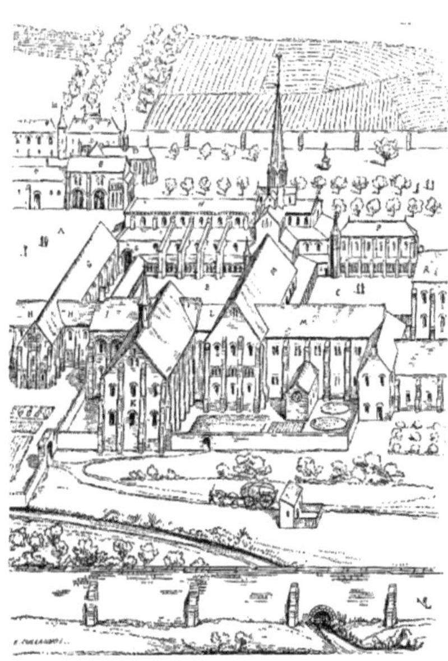

Abb. 3: Zisterzienser-Zentrale Cîteaux // Bild: Eugène Viollet-le-Duc – Handbuch der französischen Architektur des 11. bis 16. Jahrhunderts (1856); CC0 gemeinfrei

---

[31] Seine Initialen „HB" bilden heute in Runenschrift das Logo des Funkstandards „bluetooth".

formabspaltung der Benediktiner[32], nach. Das Klosterdasein folgte der Zisterzienser-Losung, man möge ein Leben „des Gebets, der Lesung und der Arbeit" führen. Nonnenklöster, die gleichsam als Vorbilder dienten, gab es durchaus – auch und gerade im französischen Burgund, der Heimat des Zisterzienserordens mit der Abtei Cîteaux als Hauptsitz („Cîteaux, unsere Mutter"[33]).

Zum zisterziensischen Ideal zählte ein unabhängiges, freies, aber auch asketisch-diszipliniertes, arbeitsreiches Leben. Im Klosteralltag führte dies zu einer dualen Aufbauorganisation. Auf der einen Seite die Chormönche, unter ihnen viele, die zu Priestern geweiht worden waren. Sie widmeten sich vorzugsweise der Liturgie, dem Gebet, der Exegese, dem klösterlichen Wissen. Auf der anderen Seite die im Klosteralltag eher unterprivilegierten Laienbrüder, auch „Konversen" oder lateinisch „Conversi" genannt, die sich um die Landarbeit und um handwerkliche Aufgaben kümmerten.

Ein erstes Frauenkloster nach Zisterzienser-Vorbild wurde zwischen 1120 und 1125 unter dem Namen „Le Tart" im französischen Burgund, nur wenige Kilometer von Cîteaux entfernt, gegründet. Etwa zwei Jahrzehnte später, 1147, stellte Papst Eugen III. mittels einer selbst angestoßenen Bulle die Abtei Le Tart unter seinen Schutz, während das überforderte Mutterkloster Cîteaux die Aufnahme von Frauenklöstern in den Zisterzienserorden nach wie vor kategorisch ablehnte.

Davon unbeeindruckt orientierten sich die Nonnen von Le Tart und – weiter zunehmend – auch die andernorts tätigen Konventualinnen am monastisch-abgeschiedenen Leben nach zisterziensischem Leitbild. Beflügelt wurde der Boom in diesen Jahren durch eine starke, religiös geprägte Frauenbewegung, spirituell unterfüttert von der sogenannten „Frauenmystik". Diese Mystik brachte eine neue Christus- und Marienverehrung hervor, die sich durch Jungfräulichkeit, Askese, Kontemplation, aber auch ekstatisch-spirituellen Riten auszeichnete. Sie verbreitete sich besonders unter Zisterzienserinnen und brachte prominente Namen wie die später heiliggesprochene Flämin Lutgard von Tongern (1182-1246), die Niederländerin Ida von Nivelles (1190-1231), die Flämin Beatrijs von Naza-

---

[32] Benedikt von Nursia gründete im Jahr 529 das erste Benediktinerkloster, die Abtei Montecassino (Abbatia Territorialis Montis Cassini), etwa 130 Kilometer südöstlich von Rom.
[33] Auf dem Spruchband im Wappen der Zisterzienser befindet sich der genannte Wahlspruch „Cistercium mater nostra", der sich ursprünglich auf das Gründungskloster Cistercium = Cîteaux bezog. Später wurden Zisterzienserklöster allgemein „Zisterzen" genannt.

reth (1200-1268) oder die aus der Region Brüssel stammende Adelheid von Scharbeke[34] (1215-1250) hervor. Zu den Vorkämpferinnen und zentralen Figuren der Frauenmystik-Bewegung zählte zudem die bekannte Äbtissin und Universalgelehrte Hildegard von Bingen (1098-1179), gleichwohl sie Benediktinerin war.

Als Ende des 12., Anfang des 13. Jahrhunderts die „religiöse Frauenbewegung" nach Norddeutschland schwappte, verzeichneten die Nonnenkonvente nach Zisterzienser- oder im 13. Jahrhundert auch zunehmend nach Bettelorden-Vorbild (Dominikaner, Franziskaner)[35] enormen Zulauf. Hinzu gesellte sich gegen Ende des 12. Jahrhunderts ein aus Flandern importierter, die neue Bewegung unterstützender Trend. Fromme, keusch lebende Frauen, sogenannte Beginen, schlossen sich zu klosterähnlichen Laiengemeinschaften zusammen und lebten gemeinsam in großen Häusern, die schon bald Beginenhäuser genannt wurden. Diese Gemeinschaften verzichteten auf lebenslange Gelübde und Treueschwüre, gestalteten ihren Alltag jedoch nicht minder diszipliniert und enthaltsam. Im norddeutschen Raum waren Beginen ab dem 13. Jahrhundert vorwiegend in den großen Städten anzutreffen, z.B. in der Hamburger Steinstraße, nahe der Kirche St. Jacobi, oder im Lübecker Ägidienkonvent. Beginen fanden bei der städtischen Bevölkerung rasch Akzeptanz und Nachfrage. Denn auch diese Form der Gemeinschaft erlaubte den zumeist unverheirateten, ungebundenen Frauen ein autonomes und vergleichsweise selbstbestimmtes Leben.

Anfang des 13. Jahrhunderts, also in der Zeit, als Bruder Luder die Kapelle zu Hoibeke schuf, gab es in Europa bereits etwa 800 Frauenkonvente. Auch die Klostergründung am Rande des Sachsenwalds darf als typisch für diese Zeit betrachtet werden, zumal sie wie die meisten neugegründeten Frauenkonvente, die den zisterziensischen Regeln folgten, unabhängig blieb. Denn erst ab 1228 befleißigte sich das Mutterkloster in Cîteaux – wenn auch zunächst sehr selektiv – Nonnenklöster zu inkorporieren.

Doch auch ohne offizielle Ordenszugehörigkeit entwickelten sich einige zisterziensisch geprägte Frauenklöster prächtig. Prominente Beispiele sind Marienfließ in der Prignitz oder Helfta in Eisleben. Helfta galt im späten Hochmittelalter

---

[34] Scharbeke findet sich in einigen Quellen auch als Schaarbeek oder Schaerbeek wieder.
[35] Die beiden wichtigsten und einflussreichsten Bettelorden / Mendikanten-Orden dieser Zeit waren die Franziskaner, abgeleitet von Franz(iskus) von Assisi, und die Dominikaner, benannt nach Dominikus (des Guzmán) aus Caleruega. Speziell die Dominikaner unterhielten von Beginn an enge Beziehungen zu den religiösen Frauenbewegungen des 13. Jahrhunderts.

gar als „Krone der deutschen Frauenklöster", in deren Mauern die „drei heiligen Frauen" und Mystikerinnen Mechthild von Magdeburg (1207–1282), Mechthild von Hackeborn (1241–1299) und Gertrud von Helfta (1256–1302) dachten, schrieben und lehrten.

Schneller Zuwachs für das Kloster Reinbek

Zurück nach Stormarn, zurück zu dem sich entwickelnden Frauenkloster Reinbek. Die ersten Jahre waren von Aufbauarbeiten, aber auch von politischer Unruhe geprägt. Nach der Schlacht bei Mölln im Jahr 1225, in der Heinrich I. („der Schwarze") von Schwerin, ein Verbündeter des Grafen Adolf IV., den Grafen Albert II. von Orlamünde gefangen nahm und ihn auf seiner Burg Dannenberg internierte, änderte sich die politische Großwetterlage erheblich. Am 17. November 1225 wurde ein Friedensvertrag unterschrieben, laut dem Albert auf die holsteinischen Ländereien verzichtete, die damit zurück an Graf Adolf IV. fielen. Die Schauenburger, im Jahr 1202 von den Dänen aus Nordalbingien vertrieben, konnten damit auf ihre angestammten Landsitze zurückkehren. Für das Kloster zu Hoibeke war dies eine unübersichtliche, fragile Situation, da man befürchtete, dass mit dieser Wendung auch die Schenkungen des Grafen von Orlamünde rückgängig gemacht würden. Entsprechend sorgenvoll blickten die Klosterfrauen auf die veränderte Machttektonik.

Da aus diesen Jahren nicht alle Urkunden oder zumindest Regesten vorliegen, bleibt die Situation des Klosters in den Jahren 1225 bis 1227 weitestgehend im Dunkeln. Inwieweit die einzelnen Schenkungen des Grafen von Orlamünde bestehen blieben oder zurückgegeben werden mussten, lässt sich nicht genau beantworten[36]. Dafür brachte die Schlacht bei Bornhöved im Sommer 1227 ein eindeutiges Ergebnis. Graf Adolf IV. von Holstein und Schauenburg stieg mit seinem Sieg über die Dänen am 22. Juli, dem Maria-Magdalena-Tag, endgültig zum starken Mann in Nordalbingien auf. Zum Dank stiftete der siegreiche Feldherr[37] ein Franziskanerkloster, das Marien-Magdalenen-Kloster in Hamburg. Gleichzeitig schenkte er am 25. März 1229 dem gleichnamigen Kloster zu Hoi-

---

[36] Vgl. Stüben 2018, S. 25. Graf Adolf IV. ignorierte nach dem Sieg von Bornhöved, soweit es möglich war, die Person und die Erlasse des Grafen von Orlamünde.

[37] Der Legende nach flehte Graf Adolf IV. im Kampf gegen den dänischen König Waldemar II. die Heilige Maria Magdalena um Hilfe an. Diese soll daraufhin das dänische Heer durch Sonnenstrahlen geblendet haben, so dass Graf Adolf IV. als Sieger das Schlachtfeld verließ.

beke das Dorf Glinde mit allen Rechten. Als Überbringer dieses beurkundeten Eigentumswechsels fungierte der Vorsteher des Zisterzienserklosters Reinfeld, Abt Herbord, was als Indiz gewertet werden darf, dass wohl auch der frühe Klosteraufbau zu Hoibeke durch Bruder Luder bereits von Reinfeld aus begleitet oder sogar bewusst gesteuert wurde.

Mehrere Quellen berichten, dass Graf Adolf IV. mit dieser Schenkung ein Gelübde einlöste, das er vor der Bornhöved-Schlacht abgelegt hatte[38]. Ältere Quellen behaupteten gar, dass Graf Adolf IV. das Nonnenkloster zu Hoibeke „errichtet" habe, was natürlich nicht stimmt. So schreiben die „Hamburger Nachrichten" noch am 17. November 1885:

> *„Im lieblichen Thale der Bille, wo heute das Schloss Reinbeck steht, wurde vor mehr als sechshundert Jahren ein Zisterzienser-Nonnen-Kloster errichtet, und zwar von dem Grafen Adolf IV. von Holstein, jenem mannhaften Heerführer, der während seiner Jugendzeit die Verbannung des durch König Waldemar II. von Dänemark aus seinem Lande vertriebenen Vaters, des unglücklichen Adolf III., hatte theilen müssen, der als Mann aber zurückkehrte, um mit dem Schwerte in der Hand sein väterliches Erbe zurückzufordern, das er in der heißen Schlacht bei Bornhöved im Jahre 1227 auch gewann. "*

In den nächsten Jahren wuchs das Kloster Reinbek weiter und freute sich über zahlreiche Begabungen und Schenkungen:

- Im Februar 1233 erhielt der Konvent von Erzbischof Gerhard II. von Bremen den Zehnten der Gemeinde Köthel, Kirchspiel Trittau, überschrieben[39].
- 1238 übertrug Albrecht I., Herzog von Sachsen-Wittenberg, Engern und Westfalen, dem Kloster Reinbek „alle Gerechtigkeit" im Dorf Grande – heute Gemeinde Grande im Amt Trittau.
- Im gleichen Jahr zeigte sich auch Graf Adolf IV. ungewohnt großzügig und übertrug dem „Monasterio beate Marie Magdalene in Reinebec", jetzt mit Urkunde und Siegel, das halbe Dorf Reinbek (Köthel)[40], den Meierhof Hoibeke – in der Urkunde „Grangia Hoy-

---

[38] Die Existenz dieses Gelübdes wurde allerdings nur mündlich tradiert.
[39] Biernatzki 1848, S. 216. Laut Biernatzki war von dieser Urkunde nur noch das Rubrum, die Inhaltsangabe, vorhanden.
[40] Mit „Reinbek" ist hier der neue Kloster-Standort Köthel gemeint, so wie es im nächsten Abschnitt noch einmal erklärt wird. Vgl. auch Fink 1969, S. 98; Biernatzki 1848, S. 217.

beke" (= Getreidespeicher Hoibeke)[41] genannt, die Dörfer Ohe, Schönningstedt, Glinde, fünf Hufe und eine Mühle in Hinschendorf, eine Hufe in Hohenradestorpe, den Zehnten in Steinbek, sechs Scheffel[42] in Billwerder, einen halben Morgen[43] in Allermöhe, zehn Morgen auf der Elbinsel Grieswerder[44], sowie den dritten Teil des Zehnten von vier Hufen in Wewelsfleth an der Stör, heute Kreis Steinburg. Den Hintergrund für die Entschlossenheit, all diese großzügigen Schenkungen jetzt urkundlich unumkehrbar zu machen, bildete wohl die anstehende Kreuzfahrt[45] Graf Adolfs nach Livland im Baltikum. Die üppigen Gaben sollten ihm, der Do-ut-des-Theorie folgend (= ich gebe, damit du gibst), göttlichen Beistand sichern.

- In einer Urkunde vom 4. April 1238 bestätigte Albrecht I., Herzog von Sachsen-Wittenberg, Engern und Westfalen und neuer Herr über Nordalbingien, die Übertragung des halben Dorfes Reinbek (Köthel) jenseits der Bille auf lauenburgischer Seite. Gleichzeitig fügte er noch das nahgelegene Dorf Mühlenrade mit „voller Gerichtsbarkeit" hinzu.

Abschied von Hoibeke

Als 1238 die verschiedenen Schenkungen bzw. die nun endgültig verbrieften Beglaubigungen früherer Schenkungen durch Graf Adolf IV. das Maria-

---

[41] Heuer 1985, S. 35; Biernatzki 1848, S. 222

[42] Mit Scheffel dürfte hier das „Scheffel Feldmaß" gemeint sein, das in Schleswig-Holstein etwa 60 Quadratruten (1 Quadratrute = ca. 21 qm) und damit etwa 1.260 qm entsprach Regional gab es große Unterschiede, die sich allein in Norddeutschland zwischen 1.180 qm (Landkreis Osnabrück) und 4.400 qm (Hamburg) bewegten.

[43] Ein Morgen entspricht heute etwa einem 1/4el Hektar (2.500 qm). In der Vergangenheit gab es regional bedingt unterschiedliche Größen.

[44] Grieswerder war eine bewohnte, eingedeichte Flussinsel in der Elbe bei Hamburg, die durch Sturmfluten und Hochwasser im 13., 14. und 15. Jahrhundert in mehrere Inseln zerfiel. So trennte u.a. die Allerkindleinsflut am 28. Dezember 1248 die ehemaligen Inseln Finkenwerder und Altenwerder von Grieswerder ab. Später folgten weitere Abtrennungen.

[45] Kreuzfahrt = Teilnahme an einem Kreuzzug. Im 13. Jahrhundert eroberten einige hundert Ritter des „Deutschen Ordens" weite Teile des Baltikums. Graf Adolf IV. zog sich nach dem Livlandfeldzug 1239 zurück in das von ihm gestiftete Marien-Magdalenen-Kloster (Franziskaner) in Hamburg. 1244 ließ er sich gar zum Priester weihen.

Magdalenen-Kloster erreichten[46], befand sich der Konvent nicht mehr zu Hoibeke, sondern in Köthel („Cotle"[47]) im Kirchspiel Trittau am Oberlauf der Bille auf Stormarner Seite. Dies mag zunächst überraschen, ist aber für die Aufbauphase von Klöstern keineswegs ungewöhnlich, da diese in den Anfangsjahren noch oft mit Ländereien bedacht wurden und ihren Klostersitz entsprechend nachjustierten.

Wann genau der Umzug von Hoibeke nach Köthel erfolgte, lässt sich nicht genau bestimmen. Die oben erwähnte Überlassung eines Zehnten in Köthel durch den Bremer Erzbischof Gerhard II. im Jahr 1233 lässt es allerdings als wahrscheinlich erscheinen, dass kurz danach auch der Umzug nach Köthel erfolgte. Der Name „Closter Reinbecke" wurde beibehalten; er diente sogar eine Zeit lang als Ortsname für Köthel. Dieser Umstand sorgt bis heute für Missverständnisse.

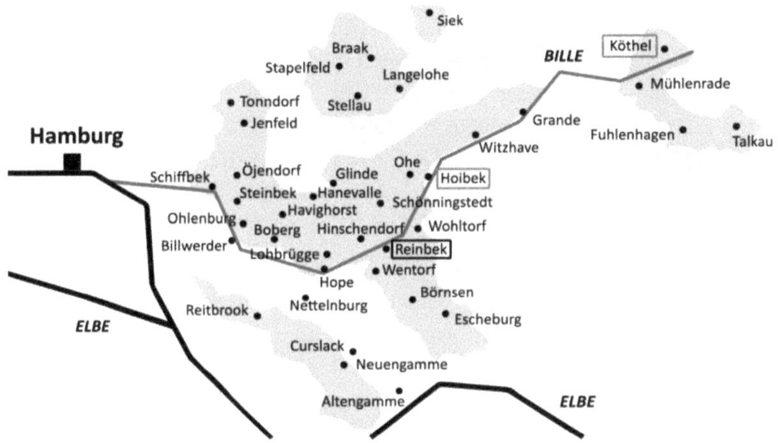

Abb. 4: Ländereien des Klosters Reinbek in seiner Blütezeit, zweite Hälfte des 15. Jhdts. // Bild: be – eigenes Werk; CC BY-SA 4.0

Die „Hamburger Nachrichten" produzieren noch am 14. März 1921 zwei elementare Fehler in einem Satz:

---

[46] Das gesamte „Paket" von 1238 wurde mit einer späten Rückaufschrift auf der betreffenden Urkunde als „Fundatio des Closters Reinbeck" (= „Grundausstattung des Klosters Reinbek") bezeichnet, als hätte es die vierzehn Jahre vorher nicht gegeben bzw. als wäre Graf Adolf IV. der alleinige Gründer / Stifter des Klosters.

[47] Laut Kötheler Heimatgeschichte dürfte „Cotle" aus dem Slawischen (= kesselartige Vertiefung) herrühren. Unter: https://koethel.de/geschichte-der-gemeinden/ (Abgerufen 15. August 2023)

> *„Das aller Wahrscheinlichkeit nach von dem holsteinischen Grafen Adolph
> IV. gegründete Nonnenkloster stand ursprünglich in Mühlenbek vormals
> Hoibeke an der Bille und wurde von dort nach Cotle, dem jetzigen Reinbek
> verlegt."*

Dabei klärte der Altonaer Jurist, Historiker und Ratsherr Hermann Biernatzki
(1818-1895) bereits 1848 in der von ihm verfassten Abhandlung „Das Marien-
Magdalenen-Kloster zu Mühlenbeck an der Bille" unmissverständlich auf[48]:

> *„Nach wenigen Jahren muss sich freilich schon der Convent nach Cotle, dem
> jetzigen Dorfe Köthel Amts Trittau, begeben haben, und er wird dabei zu-
> gleich sich und diesem Orte den Namen Reinebeke ertheilt haben."*

Neustart in Köthel

Die ersten Aufgaben in Köthel waren die Urbarmachung des Umlandes und der
Bau der Klosterkirche. In ihren Entscheidungen blieben die Nonnen unabhängig.
Denn laut Zisterzienser-Beschluss von 1228 durften nicht-inkorporierte Frauenklöster ihren Alltag nach den Regeln von Cîteaux gestalten[49], ohne den Abt eines
nahegelegenen Männerklosters, im Falle Reinbek wäre dies der Abt von Reinfeld
gewesen, konsultieren zu müssen. So stand offiziell nur der Erzbischof von Bremen den Nonnen vor.

Mit dem Umzug – der Gründungsort zu Hoibeke blieb als Meierhof[50] zurück
– ging eine zweite, einschneidende Änderung der Klosterstruktur einher. Es
waren ebenfalls die Jahre 1233/34, als zwölf Nonnen des Maria-Magdalenen-
Klosters einem Ruf des umtriebigen Heinrich II. von Barmstede folgten, um mit
Hilfe seiner Stiftung das Zisterzienserinnenkloster Uetersen nordwestlich von
Hamburg aufzubauen. Historiker Heuer vermutet später, dass dieser erhebliche
personelle Aderlass[51] weniger durch kirchlich-geistliche, sondern eher durch exis-
tenzielle und materielle Beweggründe ausgelöst wurde[52]:

> *„Diese Zahl [zwölf Reinbeker Nonnen, d. Autor] überschreitet das zur Neu-
> anlegung eines Nonnenkonvents nach den Ordensvorschriften geforderte
> Maß beträchtlich. Die Vermutung liegt nahe, daß die kümmerlichen Besitz-*

---

[48] Biernatzki 1848, S. 223
[49] Walczok, S. 6
[50] Biernatzki 1848, S. 215
[51] Biernatzki 1848, S. 231. Biernatzki vermutete gar eine „Reorganisation des Convents".
[52] Heuer 1985, S. 34

verhältnisse unseres Klosters [gemeint ist Reinbek, d. Autor] die Abwande-
rung dieser Konventualinnen verursacht haben."

Das Kloster Uetersen wuchs und gedieh in den folgenden Jahrhunderten und wies zeitweise erhebliche Landbesitz und zahlreiche Beteiligungen auf. Doch mit der Reformation im 16. Jahrhundert änderte sich auch dort das Klosterleben gravierend. Der mittlerweile zum Landesherrn aufgestiegene König Christian III. von Dänemark, ein überzeugter Lutheraner, intervenierte im Jahr 1555 vehement, was schließlich zur endgültigen Auflösung der Klöster führte. Doch die gewitzte Ritterschaft vor Ort wandelte das Kloster Uetersen – genauso wie die Benediktinerinnenklöster in Preetz (Campus Beatae Mariae) und Schleswig (St. Johannis) – rasch in adelige Damenstifte um. So gelang es, die Besitznahme durch den König elegant zu verhindern. Gleichzeitig konnten die Nonnen ihre klösterliche Lebensweise beibehalten.

Fortsetzung der Klostergeschichte an anderem Ort

Mit den Urkunden von 1238 ging eine beruhigende materielle Sicherheit einher. Das Kloster Reinbek konnte nun mit dem Meierhof zu Hoibeke, dem Dorf Glinde, der holsteinischen Hälfte der Besitzung Köthel, den Dörfern Ohe, Schönningstedt, den fünf Hufen und der Mühle in Hinschendorf, der Hufe in Hohenradestorpe, den kleineren Ländereien und Einkünften aus Billwerder, Allermöhe, Grieswerder, Wewelsfleth, Steinbek u.a. fest planen. Dies führte zu neuen Überlegungen, die durch weitere Schenkungen des Hamburger Domprobstes (1239)[53] und des lauenburgischen Adels (1238-1241)[54] zusätzlich angefüttert wurden. Letztgenannter trug sich wohl in die Liste der Geber ein, da es im Lauenburgischen zu dieser Zeit noch keine Nonnenklöster gab. So förderte der lauenburgische Adel das sowohl zu Hoibeke wie in Köthel stets am Grenzfluss Bille liegende Nonnenkloster.

Angesichts der Lage ihrer Ländereien erkannte die Klosterleitung rasch, dass Köthel nicht mehr der optimale Standort war. Zugleich waren die Nonnen überzeugt, dass der beträchtlich angewachsene Grundbesitz hinreichend Finanzkraft

---

[53] Vgl. Stüben 2018, S. 1: Der Hamburger Domprobst Bruno übertrug am 10. Februar 1239 dem „Kloster der Nonnen, die oberhalb des Ufers des Flusses Bille an einem Ort, der Köthel heißt, leben" die Kirche in Steinbek und auch noch eine Kapelle in Trittau.
[54] U.a. die lauenburgischie Hälfte des Dorfes Köthel, das benachbarte Mühlenrade („Mollenrode"), das Dorf Grande (alle 1238) und auch das Dorf Talkau (1241)-

bot, um an anderer Stelle einen Neubau zu stemmen. So fiel die Wahl schließlich auf Hinschendorf.

Ausschlaggebend für Hinschendorf dürfte die Graf-Adolf-Donation einer Kornwassermühle[55] plus fünf Hufe von 1238 gewesen sein. 1251 gingen weitere Teile Hinschendorfs in den Klosterbesitz über. Es waren Schenkungen der Grafen Johann I. und Gerhard I. von Holstein, Stormarn und Schauenburg. Vor diesem Hintergrund sahen die Nonnen perspektivisch in der Mühle, verbunden mit dem einträglichen Mühlenzwang[56] und den umliegenden Ländereien, die sich für ein klösterliches Vorwerk[57] bestens eigneten, eine verlässliche Einnahmequelle. Auch der weite Talkessel der Bille mit dem Reinbeker Mühlenteich entsprach den Anforderungen („montes et agri inter Huncingenthorp et Stencamp")[58], die üblicherweise an den Standort eines Zisterzienserklosters gestellt werden[59]:

> *„Der Konvent sollte in einem unbesiedelten Gebiet in einem Tal an einem Bachlauf gegründet werden. Niemals wurden sie auf Bergen, an stillen Gewässern, am Meer oder auf Inseln gebaut. Der Idealplatz lag in einem von drei Seiten von Hügeln oder Bergen umgebenen Tal, das sich nach Westen öffnet und so dem Fluß den Eintritt in das offene Gelände ermöglichte."*

Hier errichtete der Konvent ein neues, dieses Mal gemauertes Klostergebäude[60], so dass in den Vierzigerjahren des 13. Jahrhunderts – eine genauere Datierung ist nicht möglich[61] – in Köthel erneut die Koffer gepackt wurden. Dieses

---

[55] Der Standort der Mühle soll der heutigen Schloßstraße 7 entsprochen haben, dem Standort des früheren E-Werkes Reinbek.

[56] Museumsverein Reinbek e.V. 2013, S. 4. Mühlenzwang: Alle Bauern mussten ihr Korn in zugeordneter Mühle mahlen. Außerdem galt: „Das Mahlen des Korns war kostenpflichtig. Der Müller erhielt dafür die sogenannte Matte. Sie betrug ein Sechzehntel der zu mahlenden Kornmenge."

[57] Mit „Vorwerk" wurden die vom Kloster selbst bewirtschafteten Höfe und Ländereien in unmittelbarer Nähe des Klostergebäudes bezeichnet.

[58] Biernatzki 1848, S. 221

[59] Scherping 1997, S. 187

[60] Es ist nicht bekannt, wer das Gebäude geplant und gebaut hat.

[61] Vgl. Heuer, 1985, S. 36, 129; Scherping 1997, S. 212; Walczok, S. 7. Heuer geht von Anfang der Vierzigerjahre aus, indirekt abgeleitet von einer Urkunde zum Kirchspiel Trittau aus dem Jahre 1248. Aber auch diese Ableitung ist letztendlich nur eine Vemutung. Einen konkreten urkundlichen Nachweis für die Niederlassung des Klosters im heutigen Reinbek lieferte erst eine weitere Schenkungsurkunde der Grafen Johann I. und Gerhard I. von Holstein, Stormarn und Schauenburg aus dem Jahre 1251, die mit einer genauen Grenzbeschreibung des Klosterbesitzes aufwartete und damit den neuen Standort Reinbek verifizierte.

Mal zog das Kloster mitsamt seinem Namen in südwestlicher Richtung nach Hinschendorf[62], vorbei am alten Standort zu Hoibeke. Zurück blieb die Klosterkirche von Köthel, die bis ins 17. Jahrhundert hinein als Gotteshaus diente.

Nach dem Umzug begann eine über 200 Jahre anhaltende Periode von Wachstum und Prosperität, die sicherlich auch durch die zumeist schützenden Hände der holsteinischen und lauenburgischen Landesherren[63] und das Wohlwollen der nahen Stadt Hamburg begünstigt wurde. 1465 umfasste der Klosterbesitz 37 Dörfer, davon 26 holsteinische und ein knappes Dutzend lauenburgische[64]. Die Reihen der Konventualinnen, zeitweise lebten mehr als 60 Klosterfrauen in Reinbek, füllten sich mit Töchtern aus holsteinischem bzw. lauenburgischem Adel und aus wohlhabenden Hamburger, Lüneburger und Lübecker Kaufmannsfamilien[65], was für regelmäßige und nicht unerhebliche finanzielle Zuwendungen sorgte. Allerdings erodierte wohl im Laufe der Jahrzehnte mehr und mehr die klösterliche Disziplin. Die „Hamburger Nachrichten" vom 17. November 1885 stellten rückblickend fest[66]:

> *„Nicht wenig mag hierzu [zu dem hohen Anteil adeliger Konventualinnen, d. Autor] beigetragen haben, daß die hohe Meinung, die man von der Verdienstlichkeit des Klosterlebens von Anfang an hatte, sich nach und nach abschwächte, ja lange vor der Reformation sich in das Gegenteil verkehrte."*

Auch ein päpstliches Schreiben von 1496 beklagte diesen wuchernden Missstand. Doch es spielten auch politische Motive[67] eine Rolle, als der Vatikan schließlich die beiden Äbte der Hildesheimer Benediktinerklöster, Abt Johann von St. Michaelis und Abt Henning von St. Godehard, bat, das Kloster Reinbek aufzusuchen und dieses, notfalls auch gegen Widerstände, gründlich zu reformieren („maxima reformatione").

---

[62] Hinschendorf ist heute ein Stadtteil von Reinbek im Südwesten des Stadtgebietes.

[63] v. Schubert 1895, S. 35

[64] Vgl. Bavendamm 1996, S. 77. Bavendamm geht von 23 holsteinischen und 8 lauenburgischen Dörfern aus. Andere Quellen liefern teilweise leicht abweichende Zahlen.

[65] Vgl. Walczok, S. 8. Laut Walczok betrug das Verhältnis der Nonnen mit adeliger und bürgerlicher Herkunft über die Jahre etwa 50:50. Die Nonnen aus adeligem Hause sollen auf holsteinischer Seite aus Borstel, Brockdorf, Campe, Hagen, Hamme, Hummelsbüttel, Plessen, Raboysen, Ratlow und auf lauenburgischer Seite aus Crummesse, Lasbeke, Parkentyn, Ritzerau und Schacke gestammt haben.

[66] „Hamburger Nachrichten", 17. November 1885

[67] Vgl. v. Schubert 1895, S. 34f

Mit den Lutheranern endete das Reinbeker Klosterleben

Anfang des 16. Jahrhunderts versetzten lutherische Schriften und evangelische Prediger den Klerus und die Klöster landesweit in Aufruhr. Auch in Reinbek zweifelten die Nonnen zunehmend am Sinn ihrer Mission – speziell die, die aus reformationsfreundlichen Hamburger Familien stammten. Die Priorin[68] in dieser Zeit, Anna von Plessen, pflegte engen Kontakt mit dem Reformator Johannes Bugenhagen (1485-1558), der vom Hamburger Rat offiziell mit der Reformation des städtischen Kirchenwesens beauftragt worden war. Unter seinem Einfluss gestattete Plessen schon bald sechs Nonnen die Eheschließung[69].

Abb. 5: Johannes Bugenhagen, porträtiert von Lucas Cranach d. Älteren (1537) // Bild: Cranach Digital Archive; CC0 gemeinfrei

Letzte Überzeugungsarbeit zur endgültigen Auflösung des Klosters, die am 7. April 1529 Gestalt annahm, leisteten prominente Hamburger Reformatoren wie der Theologe Stephan Kempe (um 1500-1540) und der bereits erwähnte Bugenhagen. Ein Großteil der verbliebenen Kommunität, etwa 40 Nonnen, verließ die Klostermauern und kehrte leichten Herzens ins weltliche Leben zurück. Die meisten gingen nach Hamburg, gut versorgt mit jeweils 300 Mark Abfindung. Denn das Gebäude und das Grundstück[70] gingen für den „billigen Preis von 12.000 Mark"[71] an König Friedrich I. von Dänemark und Norwegen. Mit dem Auszug verfassten die Priorin, die Amtfrauen und die Konventualinnen ein Schriftstück, in dem sie ihre Namen[72] und auch ihre Beweggründe nannten, warum sie nun ihr Klosterleben

---

[68] Bis 1310 stand dem Kloster eine Äbtissin vor; danach stets eine Priorin.
[69] Heuer 1985, S. 100. Der „Hamburger Anzeiger" vom 3. Januar 1935 erwähnte dagegen lediglich vier Nonnen.
[70] Die Hamburger Besitzungen des Klosters wurden an den Hamburger Rat veräußert.
[71] Fink 1969, S. 117; „Hamburger Anzeiger", 9. August 1908
[72] Lau 1867, S. 39. Von elf namentlich genannten Nonnen stammten mehrere aus dem Adelsgeschlecht von Plessen.

aufgeben wollten. Beklagt wurde vor allen Dingen, dass sie bereits in jungen Jahren von ihren Eltern ins Kloster geschickt worden waren[73]:

> *„[...] und de gantze vorsammelinge des Jungfrawen Closters thom Reinebecke Bremisches Stifftes uth christlicher berichtinge gotlickes wordes und gotlicker warheit bewagen to bedenckende und anthomerckende, wo wy thom mehren dele durch unser olderen und frunde in unsen kintlichen, unvorstendigen, unmundigen Jaren tho Closer begeven [...]“*

Die Klosterjahre wurden als „babelonisches gefengnus" empfunden. Befreier aus diesem sei der

> *„[...] christliche, gelovige, wolgeromede, durchleuchtigste, grosmechtigste, hochgeborene fursten und hern, hern Frideriche to Dennemarcken, Norwegen, der Wenden und Gotten kohnig [...]“*

König Friedrich dürften diese Schmeicheleien gefallen haben, zumal sie seinen strategischen Plänen zupass kamen, mit dem inzwischen entweihten Kloster einen neuen südlichen Grenzort des dänischen Königreiches zu etablieren. Die lauenburgischen Dörfer des nun ehemaligen Klosters forderte Herzog Magnus I. von Sachsen-Lauenburg (1470-1543) zurück, was in manchen Fällen zu langen und zähen Rechtsstreitigkeiten vor dem Reichskammergericht, dem obersten Gericht des Heiligen Römischen Reiches Deutscher Nation, führte.

An den Klostergebäuden konnte sich Friedrich I. allerdings nur kurzzeitig erfreuen. Bereits im Mai 1534[74] wurden diese in der sogenannten „Grafenfehde"[75] von brandschatzenden Lübecker Landsknechten eher unabsichtlich zerstört. Unversehrt blieb nur die Klostermühle[76]. Der Name „Reinbek" ging schon bald mit dem Renaissance-Schloss[77], das Adolf I., Herzog von Schleswig-Holstein-Gottorf, in den Jahren 1572 bis 1576 auf dem Klostergrundstück errichten ließ, eine neue, bis heute währende Verbindung ein.

---

[73] Heuer 1985, S. 206

[74] Heuer 1985, S. 103. Laut Heuer soll das Klostergebäude „um den Himmelfahrtstag des Jahres 1534 herum", das wäre der 14. Mai 1534 gewesen, niedergebrannt worden sein.

[75] Hergenhan 1978, S. 31. Reinbek war in der Grafenfehde nur ein Nebenschauplatz. Es ging in dieser Fehde im Wesentlichen um die Vormachtstellung der Hansestadt Lübeck, die mit dem Aufkommen der niederländischen Handelsschiffe zunehmend ins Wanken geriet.

[76] Meiffert 1995, S. 44

[77] Bavendamm 1996, S. 19f. Der langjährige Leiter des Reinbeker Stadtarchivs Curt Davids nannte es „das letzte landesherrliche Schloss Holsteins".

Abb. 6: Schloss Reinbek heute // Bild: IqRS - eigenes Werk; CC BY 3.0

Währenddessen ging es in Ohe und Hoibeke ländlich, beschaulich weiter. Land- und forstwirtschaftliche Arbeiten bestimmten den Alltag. Jagd und Fischfang sorgten für Abwechslung.

Papier und Bier an der Bille

Das 18. Jahrhundert sorgte für zwei Start-ups im Oher Osten

Mitte des 18. Jahrhunderts lernte Europa das rebellische Musikgenie Mozart kennen. In Großbritannien sorgte die aufkommende Industrialisierung für Zukunftsphantasie. Zeitgleich klopfte der Geist der Aufklärung an die Türen europäischer und amerikanischer Studierstuben. Eigentlich war es schon eher ein Trommeln, das sich nicht länger abweisen lassen wollte. Folgerichtig kämpften schon bald amerikanische und französische Revolutionäre für elementare Bürgerrechte.

Im stormarnschen Ohe ging es weniger revolutionär zu, gleichwohl auch hier von einem kleinen Schritt in die Moderne berichtet werden kann. 1740 erhielt der Schönningstedter Johann Wohlers von Herzog Adolf Friedrich in Vormundschaft des Herzogs Carl Peter Ulrich, dem späteren russischen Zaren Peter III., die Erlaubnis, an der Bille-Mündung der Hoibeke[78], die die Teiche östlich von Ohe mit Wasser versorgte, eine oberschlächtige Papiermühle[79] zu errichten. Der genehmigte Standort soll identisch mit der Lage des ehemaligen Maria-Magdalenen-Klosters rund 500 Jahre zuvor gewesen sein.

Papiermühlen wurden zunächst in Südeuropa im 12. und 13. Jahrhundert gegründet[80]. Dabei stieg die italienische Kleinstadt Fabriano, Provinz Ancona, rasch

---

[78] Vgl. Fink 1969, S. 238. Dort heißt es: „Er [Johann Wohlers, d. Autor] errichtete sie [die Papiermühle, d. Autor] aus eigenen Mitteln an einer auf dem Oher Feld entspringenden kleinen Au unweit ihrer Mündung in die Bille." Gemeint sein dürfte der Bach Hoibeke. Denn weiter heißt es: „Vormals stand hier das 1229 gestiftete Maria-Magdalenen-Kloster Hoibeke [...]"

[79] Das Wasser wird über eine schmale Rinne von oben an das Mühlenrad herangeführt.

[80] Als erster bedeutender Standort gilt Xativa bei Valencia (Spanien) Mitte des 12. Jahrhunderts.

zum europäischen Papiermacher-Zentrum auf. Ein Zentrum, das die Technik der Papierherstellung stetig weiter entwickelte, ohne das Grundprinzip zu verändern: Mit Schöpfrahmensieben extrahierten die Papiermacher dünne Schichten aus einem eher dünnflüssigen Brei, der in ovalen Zubern („Bütten") vorgehalten wurde. Diese Schichten wurden anschließend gepresst, geleimt, getrocknet. Als Hauptbestandteil des Breis dienten eingeweichte, feuchte Hadern, kleine Fetzen und Schnipsel aus Leinen, Hanf oder Baumwolle. Hinzu kamen textile Abfallprodukte aus Seilereien und Spinnereien. Der Brei wurde von einem von der Mühle angetriebenen Stampfgeschirr so lange zerkleinert, bis sich einzelne Fasern bildeten, die dem Papier die notwendige Festigkeit und Elastizität verliehen.

Abb. 7: Ein Papiermüller schöpft aus der Bütte // Bild: Jost Amman u. Hans Sachs, Frankfurt a.M., 1568; CC0 gemeinfrei

Gegen Ende des 14. Jahrhunderts ging auch in Nürnberg die erste Papiermühle im deutschsprachigen Raum in Betrieb. Fortan breiteten sich die Mühlen über das ganze Land aus. Zumeist wurden sie etwas außerhalb der Städte angesiedelt, da sie doch so einige externe Effekte wie Gestank, Lärm und Abwasser mit sich brachten. Beim Einweichen und Stampfen der Hadern entstand viel Schmutzwasser, das die Betreiber arg- und sorglos in den Fluss, an dem ihre Wassermühlen standen, zurückleiteten. Ein ausgeprägtes ökologisches Wissen oder gar Bewusstsein gab es zu dieser Zeit noch nicht.

Der Standort der Oher Papiermühle befand sich, wie oben erwähnt, am Ufer des östlich aus dem Teich kommenden Baches. Die kleinen Teiche, so die mündliche Überlieferung, dienten schon den Nonnen des Maria-Magdalenen-Klosters als Fischteiche. Doch das war zu diesem Zeitpunkt bereits 500 Jahre her. Sogar die Auflösung des Frauenklosters, das im 13. Jahrhundert über Köthel nach Hinschendorf zog, lag mehr als 200 Jahre (April 1529) zurück. Die neu errichtete Mühle wurde von 1745 bis 1787 von dem Gründer Johann Wohlers betrieben.

Nach drei Freijahren musste Wohlers pro Jahr zwanzig Reichstaler (Rthlr.) Recognition[81] entrichten, durfte aber gemäß der zugehörigen Fläche (sechs Scheffel, vier Ruten[82]) zwei Kühe und auch Schweine halten. Mit der Landreform 1783, der sogenannten „Verkoppelung"[83], kamen noch einmal beachtliche sieben Tonnen Land[84] hinzu – inklusive zusätzlicher Abgaben.

In seinem letzten Jahr als Müller, 1787, war Wohlers bereits 70 Jahre alt. Elf Jahre später, am 21. April 1798, verstarb der Mühlengründer – laut Zeitungsbericht an einem „Nervenfieber"[85]. Als Müller beerbten ihn sein Sohn Franz Abraham Wohlers[86] (1787-1807) und danach Claus Rheder (1810-1838), der nach Wohlers' Tod dessen Witwe heiratete. 1835 wird zudem der Papiermachergeselle Johann Gottfried Merklin für ein Jahr als Müller angeführt.

Auf Claus Rheder folgte für elf Jahre Johann Christian Friedrich Gerdau (1838-1849), der zum Schluss in Konkurs ging. Aus dem Konkursverfahren erwarb der Zimmermeister Hans Hinrich Ohl (1849-1851) das Mühlenanwesen. Ihm folgten Georg Joachim Suck (1851-1853) und Heinrich Werstler aus Nienburg (1853) nach[87]. Werstler kaufte den Landbesitz Mühlenbek hinzu; gleichzeitig stoppte nach knapp 110 Jahren willfähriger Zirkulation das Mühlenrad endgültig.

Trotzdem wechselte die Mühle im Verbund mit Mühlenbek auch weiterhin ihre Besitzer. 1854 erwarb der Händler und Reeder Johann Julius Lomer (1818-1889), nach dem noch heute die Lomerstraße in Hamburg-Wandsbek benannt ist, das Anwesen. 1859 gelangte es in die Hände des wohlhabenden Theodor Friedrich Joachim Schröder, der mit seinen Rennpferden Diogenes und Profusion

---

[81] Ursprüngliche Wortbedeutung: Wiedererkennung, Anerkennung. Hier darf es im Kontext als eine Art Abgabe für die Anerkennung bzw. Erlaubnis des Gewerbes verstanden werden.

[82] Alte Flächenmaße: Eine Quadratrute betrug Mitte des 19. Jhdts. in Schleswig-Holstein etwa 21 qm; ein Scheffel Feldmaß etwa 60 Quadratruten, also ungefähr 1260 qm.

[83] Im Rahmen der sogenannten „Verkoppelung" wurden zuvor gemeinschaftlich genutzte landwirtschaftliche Flächen zusammengelegt, neu aufgeteilt und privatisiert, so dass die neu festgelegten Acker- und Weideflächen deutlich effizienter bewirtschaftet werden konnten. Mit dieser Reform stiegen die Erträge merklich an.

[84] Eine Tonne stand in Schleswig-Holstein für 260 Quadratruten, was 5.460 qm also etwas mehr als einem halben Hektar (5.000 qm) entsprach.

[85] „Hamburger Nachrichten", 28. April 1798

[86] Vgl. Fink 1969, S. 240; Block. Unter: http://www.blogus.de/Pmuehlen.html (Abgerufen: 5. August 2023). Bei Block heißt er mit Vornamen Franz Albrecht (Wohlert) statt Franz Abraham (Wohlers). Der Nachname dürfte aber „Wohlers", wie bei Fink angeführt, lauten.

[87] Fink 1969, S. 240; Block. Unter: http://www.blogus.de/Pmuehlen.html (Abgerufen: 5. August 2023). Werstler erwarb zudem den landwirtschaftlichen Hof Mühlenbek (Siehe S. 44).

häufiger in den lokalen Zeitungen Erwähnung fand. Schröder ersetzte die alte, verbrauchte Mühle durch eine Schrotmühle, da er parallel eine Branntweinbrennerei betrieb. Doch mit dem späteren Verkauf der Mühlen-Ländereien an Bismarck wurde die Mühle endgültig stillgelegt; der Mühlenbach später zugeschüttet.

Ohe im Amt Reinbek

Die Gemeinde Ohe fand 1238 erstmalig Erwähnung, als Graf Adolf IV. von Holstein und Schauenburg das Dorf dem Kloster Reinbek übertrug. Fast 300 Jahre später wurde das Kloster im Zuge der Reformation aufgelöst und verkauft. Ohe ging somit 1529 an Friedrich I. von Dänemark. Für Reinbek und die Dörfer aus Klosterbesitz wurde das Amt Reinbek als untere Verwaltungseinheit eingerichtet. 1544 unterstand das Amt Reinbek dann Adolf I., Herzog von Schleswig-Holstein-Gottorf und drittgeborener Sohn von Friedrich I. von Dänemark.

Für die Oher, die auch Hand- und Spanndienste leisten mussten, war weiterhin das landesherrliche[88] Amt Reinbek zuständig. Der Dreißigjährige Krieg von 1618 bis 1648, in dem die Kaiserlichen unter Wallenstein (1583-1634) und Graf Tilly (1559-1632)[89] auch in Stormarn plünderten und brandschatzten[90], bedeutete fast das Ende der kleinen Siedlung. Am Ende zählte das Dorf nur noch 50 Einwohner. Doch mit dem Westfälischen Frieden endete der Krieg; die Lebensfreude kehrte allmählich zurück. Es wurde neu aufgebaut.

Die Landwirtschaft und das zugehörige Handwerk blieben die vorherrschenden Erwerbszweige. Bis Anfang des 19. Jahrhunderts wurde in der Region vornehmlich Schafzucht betrieben, da auch die Böden diese Nutzungsform nahelegten. So gab es bereits 1575 in Schönningstedt eine „Herrenschäferei", die ab 1614 aufgrund der gehaltenen Heidschafe „Heidschäferei" genannt wurde.

Im 19. Jahrhundert sorgte ein durch melioratorische Maßnahmen verbesserter Nährstoffhaushalt des Bodens für eine Diversifikation der Landwirtschaft. Eine Art Flurbereinigung („Verkoppelung") war bereits im Jahre 1783 in Ohe eingeleitet und durchgeführt worden.

---

[88] Das missverständliche Adjektiv „landesherrlich" rührt von Landesherr her.
[89] Die ausführlichen Namen lauten Albrecht Wenzel Eusebius von Waldstein bzw. Johann T'Serclaes von Tilly.
[90] 1627 nutzten die kaiserlichen Truppen Schloss Trittau als vorübergehendes Hauptquartier im Kampf gegen Holstein.

Die Bauernvögte

Bis Mitte des 19. Jahrhunderts stand jedem Dorf der Region, auch Ohe, ein Bauernvogt vor, der im Spannungsfeld zwischen Feudalherr und Landbevölkerung eine Art Sandwich-Position einnahm. So war er einerseits für die Einhaltung der Dorf- wie auch der Landesordnung verantwortlich. Zum anderen vertrat er die Anliegen der Dorfbevölkerung gegenüber den Landesherren. Bis zur Verkoppelung entschied der Bauernvogt auch über Fruchtfolge und Arbeitspläne bei der Bewirtschaftung der gemeinschaftlichen Flächen, der sogenannten Allmende.

Das Amt des Bauernvogts, es ähnelte dem eines Dorfschulzen in anderen Regionen, wurde zumeist innerhalb der Familie weitervererbt. Doch in manchen Dörfern, zu denen auch Ohe zählte, war das Amt mit einem Grundbesitz respektive einem Hof fest verbunden. Wechselte dieser Grundbesitz den Eigentümer, so gab es auch einen neuen Bauernvogt[91].

In Ohe genoß die Hufe Nr. 1 bzw. die Anderthalbhufe Nr. 1[92] im Verbund mit dem größten Bauernhaus des Dorfes mehr als 200 Jahre diesen Status. Ab 1806 stellte die (Halb)Hufe Nr. 3, verbunden mit der sogenannten „Herrenkate"[93], den Bauernvogt. Die entsprechende Umwidmung organisierte ein gewisser Diederich Willinck[94] (1750-1822), ein ehemaliger „Amtsbäckermeister" und erfolgreicher Kaufmann aus Altona[95], dessen Familie im 17. Jahrhundert aus den Niederlanden[96] eingewandert war. Willinck erwarb 1796 die Halbhufe 2[97], zu der er 1806 noch die Hufe 1 für 16.000 Mark hinzu kaufte[98]. Das Vogtamt war ihm wohl zu provinziell und auch zu arbeitsintensiv. So wird 1806 Hans-Jürgen Burmeister von der Herrenkate plus (Halb)Hufe Nr. 3 Bauernvogt. Zwar kam es in den nächsten Jahren zu weiteren Versuchen, die Verknüpfung bestimmter

---

[91] Vgl. Geschichts- und Museumsverein Reinbek e.V. Unter: https://www.reinbeker-geschichten.de/bauernvogtei-in-ohe/ (Abgerufen: 22. August 2023)

[92] Fink 1969, S. 187. 1784 wurde aus dem Ein-Hufe-Besitz ein Anderthalbhufe-Besitz.

[93] Fink 1969, S. 103. Im Jahre 1630 (Dreißigjähriger Krieg) brannten in Ohe die Katen A, B, C ab und wurden von den Erben nicht wieder aufgebaut. Stattdessen entstand aus dem ursprünglich für eine Schäferei geplanten Gebäude die sogenannte Herrenkate, der dann der Grundbesitz der abgebrannten Katen zugeordnet wurde. Ab 1644 wurde dieser Besitz Halbhufe 3 genannt.

[94] Der Name „Willinck" wurde in Tagebüchern und Zeitungen auch oft „Willink" geschrieben.

[95] Diederich Willinck war mit Maria Willinck, geb. Beets, (1756-1836) verheiratet.

[96] Diederich Willincks Vater Jan Abraham Willinck (1707-1769) wurde in Amsterdam geboren.

[97] Wichtige Ergänzungen: Bereits 1786 gehörte Willinck die Halbhufe 2 für ein Jahr. Und von 1799 bis 1803 war sein Bruder Bernhard Willinck temporärer Besitzer – siehe auch S. 39.

[98] Fink 1969, S. 99

Hufe mit dem Amt des Bauernvogts zum eigenen Vorteil zu verändern, was die Attraktivität des Amtes unterstrich. Doch am Ende scheiterten alle Bemühungen; es blieb bei der (Halb)Hufe Nr. 3[99].

Eine Krugkate nahe der Papiermühle

Zur Attraktivität des Bauernvogt-Amtes trug das Privileg bei, relativ einfach in den Besitz einer „Kruggerechtigkeit" zu kommen, einer lukrativen Konzession für den Betrieb einer Schankwirtschaft. Dieses wurde als „Aufwandsentschädigung"[100] für die Arbeit des Bauernvogtes betrachtet und gemeinhin akzeptiert.

1761 nutzte der Oher Bauernvogt Hans Joachim Schipmann diese Konzession für ein Grundstück an der Tannenkoppel am Weg nach Witzhave, das mit der Flur Hoibeke zusammengelegt wurde. Schipmann baute darauf ein Krughaus, das auch als Herberge diente. Denn das Grundstück lag recht günstig am Kurierweg von Reinbek über Witzhave nach Trittau, der von Eilboten, fahrendem Volk, Frachtwagen, Postkutschen und reisenden Kaufleuten frequentiert wurde. Allerdings musste Schipmann zwei Auflagen erfüllen. Zum einen musste er das Bier im Reinbeker Amtsbezirk bestellen und beziehen. Zum anderen sollte Schipmann eine Schmiede einrichten, wo die Hufe der Pferde beschlagen und die Räder der Wagen gerichtet werden konnten. Für eine Raststätte dieser Zeit ein eher selbstverständliches Angebot.

1788 wurde die Krugkate an Nicolaus Harms für 1.000 Mark veräußert. Nur ein Jahr später ging der Besitz für 1.050 Mark an den Altonaer Kaufmann und Mennoniten[101] Lucas Oven Beetz (1728-1808) weiter, der die Flächen der Liegenschaft beträchtlich ausweitete und diese dann 1797 an seinen Schwiegersohn, den besagten Diederich Willinck, weiterreichte[102].

Überhaupt brachten die Willincks gegen Ende des 18. Jahrhunderts in der Region so einiges in Gang. In den Neunzigerjahren hatte Giesbert Willinck (1748-1812), der ältere Bruder von Diederich Willinck, auf dem Oher Felde nahe

---

[99] Vgl. Fink 1969, S. 103f; Geschichts- und Museumsverein Reinbek e.V. Unter: https://www.reinbeker-geschichten.de/bauernvogtei-in-ohe/ (Abgerufen: 22. August 2023)
[100] Vgl. Hergenhan 1978, S. 79
[101] Die Mennoniten gingen als evangelische Freikirche aus der Täuferbewegung der Reformationszeit (16. Jhdt.) hervor. Geistiger Vater und Namensgeber war der Theologe Menno Simons (1496-1561).
[102] Fink 1969, S. 106

der Papiermühle sieben Tonnen und zwei Scheffel Land zu einem Preis von 72 Reichstalern und 24 Schilling erworben[103]. Damit einher ging ein jährlicher Canon[104] von neun Reichstalern und zwölf Schilling. Damit war Giesbert Willinck von den üblichen Dorfverpflichtungen, insbesondere den Hand- und Spanndiensten, befreit.

1795 verkaufte Giesbert die Liegenschaft für etwa 100 Reichstaler an seinen Bruder Diederich weiter, den umtriebigen Reeder aus Altona. Dieser konnte parallel noch einige andere Flächen akquirieren. 1798 erhielt er dann die amtliche Genehmigung, all diese Ländereien ab sofort „Mühlenbek" nennen zu dürfen[105].

Nach einer brüderlichen Rochade, verursacht durch einen temporären finanziellen Engpass Diederichs[106], übernahm der vier Jahre jüngere Bruder Bernhard Willinck 1799 Mühlenbek für 6.000 Reichstaler. Vier Jahre später kaufte Diederich die Liegenschaft zum gleichen Preis zurück. Überdies erhielt der Altonaer Kaufmann 1804 die Konzession für eine Branntweinbrennerei. Doch allzu viel Phantasie entwickelte diese neue Geschäftsidee wohl nicht mehr, denn 1807 ging die Willinck-Zeit an der Bille unwiderruflich zu Ende. Willinck sah sich gezwungen seine Finanzen zu konsolidieren. Zu den Aktivitäten Diederich Willincks gewährt auch das Tagebuch eines seiner Enkelkinder tiefe Einblicke.

Die Witt-Erinnerungen

Grundsätzlich war das zwanzig Kilometer entfernte Mühlenbek für Willinck um die Jahrhundertwende ein Landsitz, den er am Wochenende von Altona aus schnell und bequem erreichen konnte. So berichtete es jedenfalls sein Enkel, der Kaufmann und Kolonialist Heinrich Witt (1799-1892), in seinem opulenten, im Original 11.000 Seiten starken Tagebuch[107]. Witt erinnert sich, dass Willinck in

---

[103] Fink 1969, S. 107

[104] Der „Canon" gehörte zu den lokalen Abgaben an die schleswig-holsteinischen Gemeinden. Er wurde zumeist auf Grundstücke, Ländereien erhoben.

[105] Fink 1969, S. 106; Biernatzki 1848, S. 223

[106] Vgl. Schwarz 2003, S. 66. Diederich Willinck ging 1799 im Gefolge der aktuellen Wirtschaftskrise in Konkurs.

[107] Der in Peru als Kaufmann reich gewordene Heinrich Witt führte im 19. Jahrhundert minutiös Tagebuch, was schließlich zu einem 11.000 Seiten starken Gesamtwerk führte. Der Hamburger Historiker Prof. Dr. Ulrich Mücke nahm sich des Werkes in zehnjähriger Kleinarbeit an. Mücke über Witt: „Er war ein wirklich gebildeter Mensch aber gleichzeitig total rassistisch." (welt.de, 7. Februar 2017)

Mühlenbek an den Wochenenden ein offenes Haus führte. Wer kommen wollte, der durfte kommen.

Witt selbst war als Kind oft zu Gast. Wenn es über die holprigen Straßen im Osten Hamburgs gen Mühlenbek ging, so verkürzten sich die Kinder mit kaum weniger holprigen Versen die Zeit. Ins Fadenkreuz der ungalanten Häme rückten die „elenden Dörfer" Glinde und Ohe[108]:

> *„In Glinden // Ist nichts zu finden // In der Oh // Geht's eben so // Doch in Mühlenbeck // Da ist Fleisch und Speck"*

Der Name „Mühlenbek" muss Willinck schon länger im Kopf herumgespukt haben. Das lässt jedenfalls eine interessante Anekdote aus Willincks Handelsgeschäft vermuten: Der Reeder Willinck wollte schon recht früh über die „Dänisch-Asiatische Kompanie" (Danske Asiatiske Kompagni)[109] in den China-Handel einsteigen. Bereits im November 1782 ließ er eines seiner Schiffe, geführt von Kapitän Moederoe, Kurs auf Ostindien und Kanton nehmen. Doch das Schiff, gestartet in Altona, havarierte und musste London anlaufen, wo die Expedition ihr vorzeitiges Ende fand. Der Name des Schiffes: „Mühlenbeck"[110].

Das Mühlenbek-Anwesen beschrieb Tagebuchautor Witt recht detailfreudig, auch wenn er bei der zeitlichen Einordnung der Hünengräber deutlich danebengriff[111]:

> *„Das Haus von Mühlenbeck war großzügig, sein Äußeres war mit Stuck verziert. Als wir vorfuhren, sahen wir links eine Gartenmauer, hinter der sich Beete und Pflanzungen ein Stück weit erstreckten. Rechts gab es einen Teich mit einer Papiermühle. Es gab keine Brücke über die Bille, aber eine hübsche Fähre brachte die Besucher in den Sächsischen Wald, wo es interessanterweise niedrige Hügelgräber, die „Hünengräber" oder Gräber unserer deutschen Vorfahren aus der Zeit von Herrmann (Arminius), zu besichtigen gab."*

Witt schrieb auch über weitere Immobilien seines Großvaters in der Altonaer Prachtstraße Palmaille und im Mecklenburgischen. Diese Passagen verdeutlichen

---

[108] Mücke 2015, Band 1, S. 308f
[109] Die Dänisch-Asiatische Kompanie wurde 1730 gegründet, um den Handel mit Asien (Ostindien, China) wieder aufleben zu lassen. Dazu räumte die dänische Regierung dem Unternehmen ein vierzigjähriges Monopol auf den Handel mit Asien ein, um anschließend das Unternehmen zu übernehmen.
[110] Eberstein. Unter: https://www.dhm.de/archiv/ausstellungen/tsingtau/katalog/auf1_1.htm (Abgerufen: 12. August 2023)
[111] Mücke 2015, Band 1, S. 309

die temporären finanziellen Schwierigkeiten Diederich Willincks und dürften auch als Erklärung genügen, warum sich Willinck schließlich vom Gutshaus Mühlenbek trennte, bzw. trennen musste. Dazu Witt noch einmal[112]:

> *„Auch in der Palmaille in Altona begann mein Großvater mit dem Bau eines prächtigen Hauses[113], das aktuell noch immer eines der schönsten in dieser Straße ist. Aber er musste es vor seiner Fertigstellung [...] aufgeben. [...] Und er musste auch Mühlenbek verkaufen. Anschließend kaufte er ein einigermaßen großes Anwesen im mecklenburgischen Schwerin, etwa drei deutsche Meilen [etwa 22,5 km, d. Autor] westlich der Hauptstadt [gemeint ist Schwerin, d. Autor]. Das Gut produzierte alle Arten von Getreide, und obwohl er [der Großvater, d. Autor] wenig oder gar nichts von landwirtschaftlichen Dingen verstand, hatte er das Glück, einen guten und ehrlichen Verwalter zu finden [...] Ich habe noch nicht erwähnt, dass dieses Anwesen Raguth hieß."*

Witt erweist sich hier als nüchterner Chronist. Denn Willinck starb am 25. März 1822 auf dem Gutshof Raguth in Mecklenburg, den er seit 1808 besaß[114] und den seine Ehefrau Maria (1756-1836) bis 1832 bewohnte[115]. Die 1799 erbaute Villa in der Palmaille 29 musste Willinck 1803 für 90.000 Mark Kurant[116] an den Hamburger Kaufmann Johann Christian Hagedorn verkaufen, da er sich finanziell übernommen hatte[117]. Und auch das geliebte Mühlenbek konnte er nicht halten bzw. wurde nicht zu seinem Alterssitz. Bereits am 26. März 1807 kündigte der Amtmann der Ämter Reinbek, Trittau und Tremsbüttel, der „seiner Königlichen Majestät zu Dänemark, Norwegen allerhöchst bestallter Kammerherr" von Lowtzow, im „Altonaischen Mercurius" den anstehenden Verkauf an:

---

[112] Mücke 2015, Band 1, S. 301

[113] Das „prächtige Haus" war die Palmaille, Hausnummer 29, entworfen vom damaligen dänischen Star-Architekten Christian Frederik Hansen (1756-1845), der 1784 zum Landesbaumeister des dänischen Königs für Holstein und Altona berufen wurde.

[114] gutshaeuser.de. Unter: https://gutshaeuser.de/de/guts_herrenhaeuser/gutshaeuser_r/gutshaus_raguth (Abgerufen: 30. November 2023). Diederich Willinck muss allerdings schon früher mit dem Gut Raguth in Verbindung gestanden haben, denn bereits seine Kinder wurden zwischen 1775 und 1787 in Raguth (oder im nahgelegenen Zarrentin am Schalsee) geboren.

[115] „Altonaischer Mercurius", 25. Juni 1832

[116] Mit „Kurant" wurde die Hamburger Währung (alte Schreibweise: „Courant") von 1725 bis 1871/74 bezeichnet. Neben der Mark Kurant gab es die für den Geschäftsverkehr vorgesehene Mark Banco, die bei gleichem Nominalwert einen um 25 Prozent höheren Münzwert besaß.

[117] Tödt 2016, S. 33f; Schwarz 2003, S. 66. Tödt und Schwarz schreiben von einem „Bankrott".

„Wann der Herr Diederich Willinck den mir angezeiget, wie er seinen im Amte Reinbeck belegenen Hof Mühlenbeck, so seine zu Ohe gedachten Amts befindliche Anderthalb-Hufenstelle cum pertinentiis [= mit Zubehör, d. Autor] verkauft und seinen Käufer ein reines Professions-Protocoll versprochen, daher um die Abgebung eines rechtsgewöhnlichen Proclams gebeten [...]"

Personen, die glaubten, dass sie in irgendeiner Form ein Anrecht, einen Anspruch bezüglich der Immobilie hätten, wurden aufgefordert, sich bei den entsprechenden Ämtern zu melden – ein Standard-Procedere.

Neuer blaublütiger Mühlenbek-Eigentümer wurde kurz darauf der Oberhofmarschall und Oberkammerherr Conrad Ignatz Freiherr von Lützow, der noch zwei Jahrzehnte zuvor die Gutshäuser Holdorf bei Rehna und Meetzen bei Gadebusch im Mecklenburgischen bewirtschaftete. Auch Mühlenbek verkaufte von Lützow drei Jahre später wieder an einen gewissen Friedrich d'Orguerre, der sich aber ebenfalls recht schnell wieder von seinem Besitz trennte und diesen an einen Mann namens Christian Ingwersen veräußerte[118].

1815 wechselte das Anwesen in die Hände von Ernst Kues für 3.000 Reichstaler Hamburger Kurant. Anschließend verwandelte sich Mühlenbek endgültig für einige Jahrzehnte in eine Art Wanderpokal. 1816 erwarb der aus Heide in Dithmarschen stammende und seit 1805 in Altona als Obergerichtsadvokat tätige Friedrich Johann Jacobsen (1774-1822), ein bekannter Seerechts-Experte, das Gelände für 2.500 Reichstaler. Drei Jahre später, im Jahr 1819, stand die „Landstelle Mühlenbeck" bereits wieder zum Verkauf. Im "Altonaischen Mercurius" beschrieb sie Kammerherr und Amtmann von Lotzow dieses Mal recht dezidiert:

„Die Landstelle Mühlenbeck, im anmuthigen Thale am Billstrom und Sachsenwalde, zwischen Reinbeck und Trittau, 2 Meilen von Hamburg, worauf ein bequemes Wohnhaus, mehrere gut unterhaltene Wirthschaftsgebäude, wobey eine Branntewein-Brennerey, eine Schmiede und Kathenwohnungen, sind, soll nach dem gewährten Antrage des Herrn Besitzers, und wie er den Zuschlag genehm halten wird, mit dem dazu behörenden, tragbaren und zu cultivierenden Ländereyen, Land- und Brennerey-Inventarium, am 1sten Junii, ist der Dienstag in der Pfingstwoche Mittags 12 Uhr, auf dem Hofe Mühlenbeck zur öffentlichen Versteigerung gestellt werden."

---

[118] „Staats- und Gelehrte Zeitung des Hamburgischen unpartheyischen Correspondenten", 1. Januar 1813

Dieses Mal griff der ursprünglich aus Lüneburg stammende Johann Christian Arnemann für 4.900 Mark Species[119] zu. 1824 suchte er für die „neu gebaute Schmiede nebst Wohnung, Stallung und Land" einen neuen Mieter[120].

1827 wurde die Liegenschaft an Johann Heinrich Krone in Hamburg weitergereicht, der 22.000 Mark Kurant bezahlte. Zwei Jahre später, 1829, ging es zurück an die Familie Arnemann. Der 49-jährige Georg Wilhelm Arnemann (1780-1834) aus Rohlstorf, nahe Bad Segeberg, erwarb die Besitzung im Rahmen eines Konkursverfahrens für lediglich 3.900 Kurant. Arnemann hatte bereits zwei Jahre zuvor, 1827, die Güter Pettluis in Daldorf und Rohlstorf[121] erworben, von denen er das Gut Rohlstorf seinem Sohn Carl Theodor (1804–1866) vermachte, dem Direktor der Altona-Kieler-Eisenbahn-Gesellschaft (AKE), gleichzeitig norwegisch-schwedischer Konsul in Altona.

Für Mühlenbek schien Georg Wilhelm Arnemann mittel- bis langfristig keine richtige Verwendung zu finden. Vielleicht war es nur der niedrige Preis, der ihn gelockt hatte. So wurde drei Jahre später, 1832, der Hamburger Captain Georg Friedrich Dithmer stolzer Besitzer von Mühlenbek. Er konnte den Landsitz fünf Jahre halten. Dann veräußerte er diesen an den Generalkonsul Justus Ludewig von Uslar (1782-1862) für 21.100 Mark Kurant. Interessanterweise schrieb von Uslar „auf Mühlenbeck" sein Standardwerk „Die Bodenvergiftung durch die Wurzel-Ausscheidungen der Pflanzen als vorzüglichster Grund für die Pflanzen-Wechsel-Wirthschaft", das 1844 im Altonaer Verlag Georg Blatt erschien und als Allelopathie-Erstling in Biologen- und Botanikerkreisen für Aufsehen sorgte.

Im gleichen Jahr, im Frühjahr 1844, besuchte der 45-jährige Heinrich Witt noch einmal Mühlenbek. Das Anwesen war schon viele Jahre nicht mehr im Besitz der Willincks. Da Witt wohl auch noch einige weichgezeichnete Kindheitserinnerungen mit sich trug, konnte das Wiedersehen nur ernüchternd ausfallen[122]:

„Bei unserer Ankunft waren mein Cousin und ich schon sehr enttäuscht. Alles hatte sich zum Schlechteren verändert. Das schöne Haus war durch einen Brand zerstört worden, das moderne [Nachfolgegebäude] mit schlechtem Ge-

---

[119] Specles, abgeleitet vom Speciestaler, war ab 1788 in den Herzogtümern Schleswig und Holstein gängige Währung und entsprach etwa 60 Schillingen schleswig-holsteinischem Kurant.

[120] „Altonaischer Mercurius", 30. September 1824

[121] Zwischen dem früheren Gut Rohlstorf und dem heutigen spätgotischen Schloss Rohlstorf liegen allerdings einige Generationen, unterschiedliche Besitzer und auch ein verheerender Brand (1912) mit anschließendem Neuaufbau.

[122] Mücke 2015, Band 3, S. 413

*schmack erbaut und zudem sehr heruntergekommen. Der Blumengarten da-
hinter war nur reich an Mohnblumen. Der schöne parkähnliche Garten war
in Maisfelder verwandelt worden. Statt der geraden Allee mit hohen Bäumen
entlang der Bille gab es jetzt einen schmalen, gewundenen Pfad, der mit Er-
len bewachsen war. Die beiden Teiche voller Gold- und Silberfische waren
verschwunden. Ebenso der riesige Stein in der Bille, an den ich mich lebhaf-
ter erinnern konnte als an alles andere. Anstelle der großen Fähre meines
Großvaters gab es jetzt eine klapprige Holzbrücke, über die wir in den Sächsischen Wald fuhren. Zuvor hatten wir uns beim jetzigen Besitzer bedankt,
der uns in Hippers (= Hüftstiefel), im Morgenmantel und mit Pfeife im Mund
über seinen kleinen Besitz geführt hatte. "*

1847 erwarb Bernhard Hermann Horst das Mühlenbek-Anwesen für 20.000
Mark Kurant. Zwei Jahre später kam der Besitz in die Hände von Theodor
Adolph Kofahl für 15.000 Mark Kurant, der aber auch 1853 schon wieder ver-
kaufte, dieses Mal für beachtliche 37.500 Mark Kurant an Heinrich Werstler
(1808-1891), einen Kaufmann aus Nienburg. Dieser erwarb auch gleichzeitig die
Mühle auf dem Oher Feld. Werstler behielt das vergrößerte Mühlenbek nur ein
Jahr lang. Dann wurde die gesamte Liegenschaft weitergereicht an den Unter-
nehmer Johann Julius Lomer.

Aus Mühlenbek wurde Sachsenwaldau

1859 ging es dann mit den schnellen Eigentümerwechseln weiter. Der bereits
erwähnte Theodor Friedrich Joachim Schröder erwarb Mühlenbek für 21.706
Reichsbanktaler[123] 64 Schilling und vereinigte die Grundstücke des Mühlenanwe-
sens endgültig mit dem landwirtschaftlichen Betrieb Mühlenbek. Der gesamte
Hof verfügte damit über eine beachtliche Nutzfläche von 156 Tonnen, 4 Scheffel,
13 Ruten, also knapp 80 Hektar.

Die unrentabel gewordene Papiermühle war bereits sechs Jahre zuvor, 1853,
stillgelegt worden. Ein von Schröder initiierter Abriss und Neuaufbau als Schrotmühle für die Branntweinbrennerei schloss sich an. Die Nutzung als solche währte aber nur kurze Zeit.

1865 erfolgte der nächste Eigentümerwechsel. Ernst Christian Friedrich Joachim Winckelmann erwarb das Gut Mühlenbek für 125.000 Mark, verkaufte es

---

[123] Vermutlich bezahlte Schröder in dänischer Währung („Rigsbankdaler"), da es Reichsbanktaler
im deutschen Sprachraum nicht gab.

44

aber schon ein Jahr später für 118.000 Mark an Johann August Havemann[124] weiter. Auf Havemann folgte ein Jahr später der Kammerherr Major O. von Krieger als Gutsherr, der für Mühlenbek 107.500 Mark hinlegte und noch einige Ländereien dazukaufte. Unter dem Strich sollen es etwa 30 Tonnen (15 Hektar) gewesen sein, die der Major anderen Oher Katen abringen konnte. Einige Umbau- und Sanierungsarbeiten ließen den Landsitz schon bald deutlich herrschaftlicher und aristokratischer wirken. Schließlich nannte Major von Krieger seinen quantitativ wie qualitativ veredelten Besitz „Sachsenwaldau".

Insgesamt währte die Mühlen- und Krugkaten-Phase über 100 Jahre. Die Krugkate hielt bis 1902 durch, doch dann kam auch für den rustikalen Gastronomiebetrieb das Ende. Das Wirtshaus wurde ein Opfer der Flammen. Ersatz bot zwölf Jahre später ein neuer Oher Gasthof, „Zur Linde", der ab 1914 von der Familie Bohlens bewirtschaftet wurde. Letztere schlossen erst hundert Jahre später in dritter Generation die Pforten ihres Lokals. Heute stehen an der Kreuzung Große Straße / Hoibeken gegenüber der Feuerwache einige Doppelhäuser.

---

[124] In manchen Quellen wird er auch mit Nachnamen Nevermann genannt.

Der Eiserne Kanzler kommt in den Sachsenwald

Prominenz in Friedrichsruh

Mit dem Major von Krieger kehrte ein wenig Konstanz in die Besitzverhältnisse von Mühlenbek, jetzt Sachsenwaldau, ein. Doch allzu lange währte auch diese Phase nicht. Ein prominenter Nachbar sorgte in der Presse für Spekulationen.

Am 29. August 1874 schrieb die „Deutsche Reichszeitung":

> *„Aus sicherer Quelle wird [...] gemeldet, daß Major von Krieger seine bei Reinbeck auf holsteinischem Boden belegene Hofstelle Sachsen-Waldau dem Fürsten Bismarck verkauft hat. Als Kaufpreis werden 80.000 Thaler genannt, was besonders in Rücksicht der ausgezeichnet schönen Lage jener Stelle nicht als besonders hoher Preis zu bezeichnen ist. "*

Doch so sicher war die Quelle dann wohl nicht, denn die Nachricht wurde schon einige Tage später von Major von Krieger in der „Neuen Preußischen Zeitung", wegen des Eisernen Kreuzes im Zeitungskopf auch „Kreuzzeitung" genannt, und anschließend in vielen anderen Zeitungen dementiert.

Dafür erging am 11. Mai 1876 vom Auktionator Sengebusch aus Reinbek die offizielle und verlässliche Ankündigung einer „Mobiliar Auction für Rechnung des Herrn Majors v. Krieger". Auktionstermin war der 15. Mai um 9:30 Uhr vormittags in Sachsenwaldau. Zur Versteigerung kommen[125]:

---

[125] „Hamburger Nachrichten", 11. Mai 1876

*„2 elegante Reit- und Wagenpferde // 2 elegante Kutschsiehlengeschirre //
2 Paar Kummtgeschirre[126] // 1 fast neue Fenster-Chaise // 1 4sitziger und
1 2sitziger Stuhlwagen"*

Nur einen Monat später, am 1. Juni 1876, annoncierte das „Königliche Amtsgericht Reinbeck" in den „Hamburger Nachrichten" eine „Evictionsproclamation"[127] bzw. einen Eigentümerwechsel auf Sachsenwaldau. Danach wurde das
Gut am

*„26. April d. Jahres von dem bisherigen Eigenthümer, Herrn Kammerherr O.
von Krieger an den Herrn Baumeister Carl Lindner aus Erfurt verkauft".*

Die Proclamation forderte nachdrücklich „Alle und Jede, die an das besagte Besitzthum dingliche – nicht protocollierte – Rechte und Ansprüche irgend welcher Art geltend machen zu können vermeinen" auf, sich mit ihren Anliegen in den nächsten zwölf Wochen beim Amtsgericht zu melden. Lindner soll für Sachsenwaldau 180.000 Mark bezahlt haben. Davon wurden etwa 40.000 Mark für das wertige Inventar berechnet.

Doch Lindner, der sich parallel noch als Erfinder einer optimierten „Befestigung für auswechselbare Reibflächen an Dosen für schwedische

Evictionsproclam.
Dritte und letzte Bekanntmachung.
Nachdem das bei Obe belegene, im Schuld- und Pfandprotocoll des unterzeichneten Amtsgerichts sub B. III fol. 10 p 101 aufgeführte Gut Sachsenwaldau durch Kaufvertrag vom 26. April d. J. von dem bisherigen Eigenthümer, Herrn Kammerherr O. von Krieger an den Herrn Baumeister Carl Lindner aus Erfurt verkauft und seitens des Käufers zur Sicherung gegen unbekannte dingliche Lasten der Erlaß eines Evictionsproclams beantragt worden ist, so werden in Diffetirung dieses Antrages Alle und Jede, welche an das besagte Besitzthum dingliche — nicht protocollirte — Rechte und Ansprüche irgend welcher Art geltend machen zu können vermeinen, hierdurch aufgefordert bei Strafe des Ausschlusses und ewigen Stillschweigens, solche Ansprüche binnen 12 Wochen, vom Tage der letzten Bekanntmachung dieses Proclams angerechnet, auf unterzeichnetem Amtsgericht anzumelden, Auswärtige unter Bestellung eines hiesigen Actenprocurators.
Reinbeck, den 9 Mai 1876.
Königliches Amtsgericht.
v. Hartwig.

Abb. 8: Evictionsproclamation aus den „Hamburger Nachrichten" vom 1. Juni 1876 // Bild: ebenda; CC0 gemeinfrei

Streichholzdosen"[128] betätigte, muss die Bewirtschaftung schnell über den Kopf
gewachsen sein. So erschien am 27. Juni 1877 in den „Hamburger Nachrichten"
eine „Licitationsanzeige" (= Ankündigung einer Versteigerung). Darin avisierte
der königliche Notar F.B. von Alten, dass „die zum Gute Sachsenwaldau
gehörigen Ländereien mit der darauf befindlichen Ernte [...] mit Gebäuden und

---

[126] Gemeint sind Sielengeschirre und Kummetgeschirre.

[127] Evictionsproclamation = Ankündigung und Bekanntmachung einer (Zwangs-)Räumung.

[128] Deutsches Reich Patentamt 1881/82. S. 70 + 71. Zugeordnet wurde das Patent von Carl Lindner, Sachsenwaldau der Klasse 44, Kurzwaren (Patent-No. 12783, 6. August 1880). Ein Jahr später gab es eine Verbesserung / Ergänzung über das Zusatz-Patent No. 16.295 vom 21. Juni 1881, ebenfalls von Lindner.

Inventar als ‚Gut Sachsenwaldau‘, im Auftrage des jetzigen Besitzers, zum öffentlichen Aufgebot gebracht werden“.

Licitations-Anzeige.

Durch den Unterzeichneten sollen die zum Gute Sachsenwaldau gehörigen Ländereien mit der darauf befindlichen Ernte alternative in Parcellen und im Gesammt, mit Gebäuden und Inventar als „Gut Sachsenwaldau“, im Auftrage des jetzigen Besitzers, zum öffentlichen Aufgebot gebracht werden an Ort und Stelle und zwar in 3 Terminen. Das Gut liegt äußerst romantisch unmittelbar am Sachsenwalde. Amtsgerichts-Bezirk Reinbeck, hat etwa 600 Morgen Areal mit guten Kornbeständen und ist etwa zwei Stunden von Hamburg entfernt. Die Gebäude, namentlich das Wohnhaus, sind geräumig und sehr gut erhalten, theilweise ganz neu. Lebendes und todtes Inventar gut und vollständig. Verkaufstermin Nachmittags 1 Uhr.

1. Termin Montag, den 2. Juli d. J.
2. Termin Montag, den 16. Juli d. J.
3. Termin Montag, den 30. Juli d. J.

Die der Licitation zu Grunde zu liegenden Verkaufsbedingungen liegen aus, vom 25. d. Mts an, bei dem Herrn Specht, Schloß Reinbeck in Reinbeck; bei dem jetzigen Besitzer des Gutes, Herrn Lindner in Sachsenwaldau, woselbst auch die Besichtigung des Gutes, nach vorheriger Anmeldung, jederzeit stattfinden kann, und bei dem Unterzeichneten.

Reinbeck, den 18. Juni 1877.

F. B. von Alten,
kgl. Notar.

Abb. 9: Licitations-Anzeige aus den „Hamburger Nachrichten“ vom 27. Juni 1877// Bild: ebenda; CC0 gemeinfrei

Das Gut wurde in der Anzeige mit „etwa 600 Morgen Areal [= ca. 150 ha, der Autor] und guten Kornbeständen“ angepriesen. Besichtigungen seien nach vorheriger Anmeldung „bei dem jetzigen Besitzer des Gutes, Herrn Lindner“ vorab möglich. Als Versteigerungstermine wurden die drei Montage 2., 16. und 30. Juli 1877, jeweils 13:00 Uhr, genannt.

Im Zuge dieser Licitation muss es dann zu einem Teilverkauf gekommen sein. Denn Baumeister Lindner veräußerte 1877 einen Großteil der Ländereien Sachsenwaldaus, etwa 120 ha, an seinen prominenten Nachbarn, den amtierenden Reichskanzler und Fürsten Otto von Bismarck in Friedrichsruh, wenige Kilometer südöstlich von Sachsenwaldau.

1883 trennte sich Lindner auch von den herrschaftlichen Gebäuden, den Gärten, den angrenzenden Stallgebäuden und der „Meierei mit den beiden Baulichkeiten Garten und Anlagen“[129]. Ab- und Übernehmer war der Hamburger Unternehmer Spethmann, der für die Wohn- und Wirtschaftsgebäude von Sachsenwaldau plus einiger Hektar Land etwa 60.000 Mark bezahlte. Doch auch mit Spethmann ging das schnelle Bäumchen-wechsel-dich-Spiel weiter. Spethmann hielt zwei Jahre an Sachsenwaldau fest. Dann veräußerte er sein in der Fläche deutlich reduziertes Sachsenwaldau für 70.000 Mark an den bekannten Hamburger Kaufmann Carl Heinrich Johann Freiherr von Merck.

---

[129] Fink 1969, S. 108f

Bismarck und der Sachsenwald

Der neue Herr über die landwirtschaftlichen Ländereien Sachsenwaldaus hieß also Bismarck. Bismarcks Liaison mit dem Sachsenwald war keineswegs zufälliger Natur; sie hatte einen historisch bedeutenden Hintergrund:

1870 kam es zum ersten Deutsch-Französischen Krieg, ausgelöst durch einen Konflikt um die spanische Thronfolge. Otto von Bismarck, preußischer Minister-präsident und Kanzler des Norddeutschen Bundes, brachte Prinz Leopold von Hohenzollern-Sigmaringen als Kandidat ins Spiel. Doch diese Erwägung fand auf französischer Seite wenig Beifall – man wollte sich nicht von Hohenzollern-Abkömmlingen umzingeln lassen. Diesem Wunsch wurde von preußischer Seite zunächst entsprochen. Als die französische Seite jedoch einen dauerhaften Verzicht der Hohenzollern verlangte, ließ Bismarck die Sache mittels der pro-vokant und schroff formulierten „Emser Depesche" eskalieren. Napoleon III. erklärte Preußen im Juli den Krieg. Für die süddeutschen Länder trat somit der von ihnen eigentlich unerwünschte Bündnisfall ein.

Bereits am 2. September wurde Napoleon III. bei Sedan von deutschen Truppen festgesetzt. Doch die Franzosen gaben nicht auf, verloren weitere Schlachten. Nach dem endgültigen Sieg der deutschen Seite wurde im Januar 1871 ausgerechnet im Spiegelsaal von Versailles das Deutsche Kaiserreich ausge-rufen – eine bewusste und überflüssige Demütigung der linksrheinischen Nach-barn. Mit der endgültigen Bildung eines deutschen Nationalstaats erfüllte sich, wenn auch auf Umwegen, der langgehegte Wunsch Bismarcks nach deutscher Einheit und auch Vormachtstellung in Kontinentaleuropa. Am 10. Mai 1871 wurde der Krieg mit dem Friedensschluss von Frankfurt offiziell beendet.

Mit der Proklamation von Versailles stand das preußische Königshaus dem Deutschen Kaiserreich vor. Aus König Wilhelm wurde Kaiser Wilhelm I. Zum Dank erhielt der damals 56-jährige Bismarck den Fürstentitel und die Eigen-tümerurkunde über ein preußisches Jagdrevier, den lauenburgischen Sachsenwald östlich von Hamburg. Bismarck zählte damit stante pede zu den Großgrund-besitzern des Reiches.

In den kommenden Jahren wurde die großflächige Gratifikation zum Mittel-punkt seines Privatlebens. Mit dem florierenden Holzverkauf erwirtschaftete er privat ein kleines Vermögen. Bester Kunde Bismarcks war der Holzgroßhändler und Multiunternehmer Friedrich Vohwinkel (u.a. Rheinbahn, RWE), der Bis-marck allein zwischen 1878 und 1886 Holz für über eine Million Mark abkaufte. Diese Gelder wurden vom Bankier Gerson von Bleichröder (1822-1893), dem umtriebigen Finanzberater Bismarcks, renditeträchtig angelegt, so dass Bismarck mit ruhigem Pulsschlag dem Herbst seines Lebens entgegensehen konnte.

Inmitten seiner Ländereien befand sich Friedrichsruh, eine kleine Ortschaft im Sachsenwald, die heute zu Aumühle gehört. Hier erwarb Bismarck das Hotel-Restaurant Frascati, das er zu einem repräsentativen Herrenhaus umbauen ließ. Zupass kam dem Fürsten, dass es in Friedrichsruh bereits seit 1850 einen Bahnhof gab, an dem die Schnellzüge Hamburg-Berlin für ihn und seine Gäste halten konnten. Der kleine Sachsenwaldort, etwa drei Kilometer von Sachsen-waldau entfernt, entwickelte sich in den nächsten Jahren mehr und mehr zum Lebensmittelpunkt des „Reichsgründers". Nach seiner Demission 1890 wurde Friedrichsruh schließlich zum Altersitz.

Bismarck'sche Arrondierungen

Bismarck, 1874 von Teilen der Presse noch zu Unrecht verdächtigt, das Gut Sachsenwaldau unter seine Fittiche nehmen zu wollen, sah dem Treiben in der Nachbarschaft mit Beginn der Achtzigerjahre nicht länger tatenlos zu. Am 22. August 1880 berichtete die „Kölnische Zeitung" unter Berufung auf Hamburger Journalisten, dass der Fürst nicht nur, wie allgemein bekannt, Gut Silk zwischen Wohltorf und Schönningstedt erworben, sondern mittlerweile auch Gut Schönau und zahlreiche Ländereien von Gut Sachsenwaldau akquiriert habe. Zusätzlich habe Bismarck noch einzelne Parzellen in Ohe, Schönningstedt, Witzhave, Wohltorf, Dassendorf, Kasseburg hinzugekauft, um seinen Besitz sinnvoll zu arrondieren.

Auch damals gab es schon aufmerksame Journalisten, die sich durchaus an die eine oder andere abfällige Bemerkung Bismarcks über die Zukunft der Landwirtschaft erinnern konnten und ihn nun genüsslich zitierten. Die Bauern in den Sachsenwalddörfern störte dies wenig. Sie rechneten dem Fürsten hoch an, dass er die Grund-

Abb. 10: Bismarck im August 1890 // Bild: Jacques Pilartz; CC0 gemeinfrei

stücke auf herkömmlichem Wege kaufte und bezahlte und nicht auf ein noch aus dänischer Zeit herrührendes Gesetz pochte, nach dem derjenige, der mehr als die Hälfte der Fläche einer Ortschaft besaß, auch die zur Arrondierung geeigneten Grundstücke einfordern konnte.

Bismarck genoss das Landleben in „seinem Tusculum Friedrichsruh"[130]. Berichte von fröhlichen Erntedank- und Tanzfesten, an denen auch Ehefrau Johanna, geborene von Puttkamer, Schwiegersohn und Diplomat Kuno Graf zu Rantzau sowie dessen Ehefrau respektive Bismarcks Tochter Marie Johanna Elisabeth „regen Antheil" nahmen, füllten landesweit die Zeitungen. Doch Bismarck wurde nicht jünger, sein betriebswirtschaftlicher Ehrgeiz schwächer. Zunehmend verpachtete er große Teile seines Grundbesitzes.

Im Nachbargut Sachsenwaldau zog 1885 Carl Heinrich Johann Freiherr von Merck mit seiner Familie ein. Schon bald sollten sich starke Bande zwischen Friedrichsruh und Sachsenwaldau entwickeln.

---

[130] „Der Landbote", 19. September 1880. Tusculum lag in der italienischen Provinz Latium, südöstlich von Rom. Es war um Christi Geburt herum ein Rückzugsort für reiche Römer, u.a. Lucullus, Caesar, Cato, die sich hier prächtige Villen errichten ließen.

Der "elegante Mann" und die "schöne Nachbarin"

Gute Freunde, gute Beziehungen

Im September 1887 meldete der „Hamburgische Correspondent", dass zwei Drittel des Bismarck'schen Grundbesitzes rund um Friedrichsruh verpachtet seien, darunter auch der Rülauer Forst bei Schwarzenbek an einen gewissen „Carl Heinrich Johann Freiherr von Merck, Besitzer von Gut Sachsenwaldau". Doch wer sind diese Mercks, die in den folgenden Jahren des Öfteren mit Bismarck gemeinsam die Zeitungsspalten füllen?

Die ursprünglich aus Franken stammenden Mercks zählen seit zwei Jahrhunderten zu den reichsten Unternehmerfamilien Deutschlands. Der spätere Sachsenwaldau-Besitzer Carl von Merck kam 1843 in Hamburg als Sohn des Kaufmanns Ernst Freiherr von Merck (1811-1863) und als Enkel von Senator Heinrich Johann Merck (1770-1853) zur Welt. Carls Mutter Johanna (1820-1906) war ein Kind der italienischstämmigen, in Frankfurt ansässigen Familie Borgnis, die über den Handel mit Schmuck und Tabak zu Reichtum gelangt war.

Großvater Heinrich Johann, gebürtiger Schweinfurter, kam 1794 nach Hamburg und gründete 1799 das Hamburger Handelshaus H.J. Merck & Co., das ab 1810 seinen Hauptsitz in der Speicherstadt, genauer im Mortzenhaus, Alter Wandrahm, hatte. Vater Ernst veredelte das Handelshaus zu einem bedeutenden Merchant-Banking-Haus. Zudem gehörte er 1847 zu den Gründern der HAPAG und 1856 zu den Gründern der Norddeutschen Bank. Auch gesellschaftspolitisch engagierte sich Ernst Freiherr von Merck ohne Unterlass. Freihandel, Kunsthalle, Zoologischer Garten, Landwirtschaftsmesse waren nur einige seiner Hamburger Themen. Außerdem gehörte er 1848 der Nationalversammlung in der Frankfurter

Paulskirche an. Im Anschluss wurde er sogar kurzfristig zum Reichsfinanzminister ernannt. Kurz, Ernst von Merck war in allen Gassen unterwegs[131]. Zum Dank gibt es noch heute in Hamburg die Ernst-Merck-Straße, die Ernst-Merck-Brücke. Und es gab früher sogar zwei Ernst-Merck-Hallen.

Die Hamburger Mercks bildeten die eher kleine, aber feine Handel-, Bank-, Politik-Linie der fränkischen Familie. Die Apotheker-Linie, beginnend mit Friedrich Jacob Merck (1621-1678), entwickelte sich in Darmstadt über Generationen hinweg zum heutigen Pharmakonzern Merck KGaA. Ende des 19. Jahrhunderts sorgte der in die USA ausgewanderte Georg Merck (1867-1926), der sich später in einen amerikanischen George („Dschordsch") verwandelte, für den Aufstieg der Darmstädter US-Niederlassung zum später von der Merck KGaA unabhängigen Pharma-Giganten Merck & Co. Inc. Auch die vornehme Münchener Privatbank Merck Finck, gegründet 1870, geht auf Nachfahren des Schweinfurter Stammhauses zurück.

Gute Nachbarn im Sachsenwald

Zurück nach Hamburg. Vater Ernst verstarb früh (1863), so dass Sohn Carl bereits mit 20 Jahren im väterlichen Handelshaus aktiv wurde, aktiv werden musste. Die H.J. Merck & Co. konzentrierte sich in der zweiten Hälfte des 19. Jahrhunderts auf den Import von Garnen und Kunstdüngern. Carl selbst arbeitete vorwiegend im Terminhandel. 1869 übernahm er den Gesellschafteranteil seiner Mutter, so dass er schon bald zu den vermögendsten Männern der Hansestadt zählte. Doch ein Tausendsassa wie Vater Ernst war Carl nicht. In einer späteren Würdigung wird er als „Kaufmann vom alten, soliden Schlage" bezeichnet. Privat charakterisierte ihn die Presse als „eleganten Mann von großer Herzensgüte".

Sechzehn Jahre nach dem Tod seines Vaters, am 4. September 1879, bestellte Carl von Merck das Aufgebot beim Hamburger Standesamt No. 3; wo er am 21. Oktober die 18-jährige Franziska (Eveline) Freiin von Schröder aus gleichnamiger Hamburger Bankiersfamilie heiratete. Ein Jahr später kam Sohn Ernst Carl zur Welt.

---

[131] Der renommierte Architekt Martin Haller, der Ernst Merck bei einigen seiner Projekte (u.a. Zoologischer Garten) zu Diensten war, nannte ihn einen „genialen Patrioten" oder an anderer Stelle einen „verdienten und allbeliebten Mitbürger".

1885 bezog Familie Merck das von dem Hamburger Kaufmann Spethmann erworbene und anschließend umgebaute Gut Sachsenwaldau. Es sollte der jungen Familie als Sommer- und Wochenendsitz dienen. Doch die Mercks verbrachten in den nächsten Jahren hier deutlich mehr Zeit als wohl ursprünglich geplant. Baronin Merck ging im Sachsenwald mit großer Leidenschaft der Jagd und dem Fischfang nach, wie auch die „Rhein- und Ruhr-Zeitung" am 10. April 1890 zu berichten wusste:

> *„Den größten Teil [der Besitzungen Bismarcks, d. Autor] hatte längere Zeit die Baronin Merck gepachtet, eine ebenso geschickte wie eifrige Jägerin, welche mit Vorliebe die Birsche betrieb [= Pirschjagd, d. Autor], angethan mit hohen Stiefeln und kurzem grünem Rock, während sie die übrigen Tagesstunden, da sie auch die Fischerei in der Bille übernommen hatte, mit Angeln von Hechten und Forellen ausfüllte."*

Allerdings sollte man sich die Baronin keineswegs als wildes oder gar verrohtes Naturweib vorstellen. Im Gegenteil: Baronin Merck war eine äußerst aparte Person mit großem Interesse an Kunst und Wissenschaft. Bismarck nannte sie die „schöne Nachbarin" oder auch „die gute Fee des Sachsenwaldes". Bei hohem Besuch in Friedrichsruh wurde sie von Fürst Bismarck des Öfteren um repräsentativen Beistand als Tischdame oder Gesellschafterin gebeten und machte dabei stets eine gute Figur. Auch beim Abziehen der Kieler Sprotten[132], einer Lieblingsspeise des Fürsten, oder beim Anrauchen seiner Pfeife ging die Baronin dem Fürsten zur Hand. Dies war stets eine große Hilfe, denn Bismarck litt in seinen letzten Lebensjahren unter einem schwer erträglichen „Gesichtsschmerz", der ihm das Rauchvergnügen verleidete. Bismarck dazu im „Leipziger Tageblatt und Anzeiger" vom 12. August 1897:

> *„Wenn das Ding einmal brennt, geht es ja, aber das Anrauchen, wobei ich stärker ziehen muß, löst mir regelmäßig den Gesichtsschmerz aus. Mein Schwiegersohn und mein Enkel helfen mir in der Regel aus; jetzt sind sie nicht da, und da ist meine schöne Nachbarin, Frau Baronin Merck, so liebenswürdig."*

Auch ein früherer Gast, Gewerberat a.D. Albert Scheibel aus Torgau, erinnerte sich später an die Liebenswürdigkeit der Baronin während eines Besuchs beim Fürsten im Jahre 1892[133]:

---

[132] Kohl 1915, S. 39
[133] „Dortmunder Zeitung", 1. April 1925

„Der Fürst suchte [...]seine unendlich lange ‚Favoritin' hervor, nahm dann, die Pfeife im Mund, in einem Sessel Platz und streckte seine Beine, ebenso wie den Pfeifenkopf, weit von sich. Jetzt kniete die Baronin Merck, seine Gutsnachbarin, eine sehr schöne junge Frau in weißem Atlasgewand, vor dem Hausherrn nieder, zündete den Kienspan unter starker Detonation an und hielt ihn an den gefüllten Pfeifenkopf. Bismarck tat mit unendlichem Behagen ein paar mächtige Züge, zog darauf die Hand der sich mit vornehmer Grazie erhebenden Edeldame ritterlich an die Lippen, wobei sich die Rauchwolken um beide zu zerteilen begannen. Schweigend stand die Gesellschaft um sie herum, ganz in das wundervolle Bild versunken: Zeus in den Wolken huldigt der Hera."

Abb. 11: Fürst Otto von Bismarck begutachtet die Strecke nach der Treibjagd. Rechts im Bild (v.l.n.r.) Fürst Herbert von Bismarck, Schwiegersohn Graf Kuno zu Rantzau, Baron Carl von Merck // Bild: Zeichnung von G. Arnould (1843-1913); CC0 gemeinfrei

Nach dem Rücktritt des Fürsten als Reichskanzler im Jahre 1890 berichtete die Presse von regelmäßigen Besuchen zwischen den Mercks in Sachsenwaldau und den Bismarcks in Friedrichsruh. Mit den Vätern des jungen Paares, Baron Ernst Merck und Baron Karl Heinrich „Charles" Schröder (1826-1909), hatte der

Fürst schon früher gesellschaftlich verkehrt. Nun ging Otto von Bismarck mit dem Filius Carl von Merck auf die Jagd, während sich die Fürstin und die Baronin wechselseitig zum Frühstück oder zum Kaffeetrinken einluden. Überdies diente Sachsenwaldau gelegentlich als eine Art Überlaufbecken, wenn in Friedrichsruh mehr Gäste eintrafen als der Fürst unterbringen konnte.

Auch der Fürst selbst machte gerne Station in Sachsenwaldau, wenn er sich mit prominentem Besuch, zumeist über die Fürstenbrücke die Bille überquerend, durch seine Ländereien fahren ließ. Dabei zeigte er keine Berührungsängste und gab sich im Gespräch mit seinen Landarbeitern umgänglich und jovial. In seinen Erinnernungen an Friedrichsruh schreibt ein ehemaliger Verwaltungsbeamter über den Fürsten[134]:

> *„Der Fürst war gegen seine Arbeiter stets leutselig und wußte immer den rechten Ton anzuschlagen. So sagte er einst zu einem Tagelöhner, der lange krank gewesen war: ‚Es wird schon wieder werden – wer es so haben kann und immer hier in Sachsenwaldau wohnen, der hat es gut!‘ Und der Mann erwiderte ihm: ‚Dat sülln Sei ok man daun, Dörchlaucht, Sei sülln eigentlich gor nich wedder na Berlin führen.‘ Da lachte der Fürst gezwungen und hart auf und gab Order zum Weiterfahren.“*

Auch bei Außenterminen wie beispielsweise der Besichtigung des HAPAG-Schnelldampfers „Fürst Bismarck“ in Brunshausen bei Stade (1891), Besuchen in Wien (1892) oder auf Schloss Varzin, Bismarcks Schloss in Pommern, verzichtete Bismarck nur ungern auf die Begleitung der Mercks.

Ende Juli 1898 vermeldeten die Zeitungen:

> *„Baron Albert Rothschild [früherer Volontär im Handelshaus H.J. Merck & Co., d. Autor], der gegenwärtig als Gast des Baron Merck im Sachsenwalde weilt, hat jüngst mit Baron Merck die Strecke von Schleswig über Hamburg nach Aumühle bei Friedrichsruh an einem Tage per Fahrrad zurückgelegt. In Anbetracht dessen, daß beide Herren über 50 Jahre zählen, ist die Leistung für Vergnügungsfahrer eine anerkennenswerthe.“*

Während also in Sachsenwaldau noch sportliche Rekorde aufgestellt wurden, neigte sich die Lebenszeit des Fürsten in Friedrichsruh dem Ende zu. Nur vier Tage nach der Fahrradmeldung, am 30. Juli 1898, starb Bismarck an einem „acuten Lungenödem“. Seine Lebensfreude hatte er bereits nach dem Tod der

---

<hr>

134 „Neues Wiener Journal“, 4. März 1915; Übersetzung der mundartlichen Erwiderung: „Das sollten Sie auch mal tun, Durchlaucht. Sie sollten eigentlich gar nicht wieder nach Berlin fahren.“

Fürstin Johanna, 1894, mehr und mehr verloren. Am Sterbebett versammelten sich die Familienangehörigen, Hausarzt und Privatsekretär Dr. Rudolf Chrysander, Leibarzt Dr. Schweninger und Baron und Baronin Merck, was einmal mehr die enge Verbindung der beiden Letztgenannten mit der Familie Bismarck unterstrich.

Otto und Johanna von Bismarck fanden ihre letzte Ruhe im sogenannten Bismarck-Mausoleum, unweit des Schlosses, das 1899 vom Architekten Ferdinand Schorbach (1846-1912) entworfen wurde. Am Gebäude befindet sich ein Epitaph mit einer Inschrift, die vom Eisernen Kanzler noch selbst bestimmt worden war: „Ein treuer deutscher Diener Kaiser Wilhelms I."

Gegen Ende des Zweiten Weltkriegs wurde das Schloss von der Royal Air Force bombardiert, da man nach Geheimdienstinformationen Heinrich Himmler, den Reichsführer SS, unter seinem Dach vermutete. Zudem wurde Friedrichsruh zu einem der logistischen Zentren für die Rettungsaktion „Weiße Busse". Mit dieser Aktion lotste der Philanthrop und Vizepräsident des schwedischen Roten Kreuzes, Folke Bernadotte Graf von Wisborg, in den

Abb. 12: „Der Lotse geht von Bord". Karikatur von Sir John Tenniel zur Entlassung Bismarcks 1890. // John Tenniel - Punch, 29. März 1890; CC0 gemeinfrei

letzten Kriegstagen zahlreiche skandinavische KZ-Häftlinge, unter anderem aus Hamburg-Neuengamme, zurück in ihre Heimatländer.

Mit der Weimarer Republik endete die Merck-Zeit

Die glamourösen Jahre waren vorbei

Als Fürst Bismarck am 30. Juli 1898 in Friedrichsruh starb, nahmen seine Nachbarn und Freunde aus Sachsenwaldau, Carl und Franziska von Merck, mit einem großen Gebinde aus Rosen und Lebensbaum Abschied. Es war einer von 250 niedergelegten Kränzen, penibel beschrieben und erfasst von den „Hamburger Nachrichten"[135].

Nach Bismarcks Ableben wurde es im Hamburger Osten ruhiger. Doch die Geschichte der Mercks in Sachsenwaldau ist noch nicht auserzählt. Der Baron und die Baronin blieben Sachsenwaldau treu, auch wenn es in den nächsten Jahren zu teilweise tragischen Ereignissen kam. Nachdem eine Woche zuvor bereits eine Kuh von einem Blitz tödlich getroffen worden war, brannten bei einem Großfeuer im Juli 1899 ein Holzschuppen und der Pferdestall mit Kutscherwohnung bis auf die Grundmauern nieder. Menschen und Pferde konnten gerettet werden. Die Stallungen wurden wieder aufgebaut; der Baron ließ Stromleitungen verlegen. „Es wird von jetzt ab der ganze Hof im elektrischen Licht prangen", kündigte die „Neue Hamburger Zeitung" an. Fatalerweise führte ausgerechnet ein Kurzschluss am 4. Februar 1913 zu einem weiteren Großbrand mit einem Sachschaden von etwa 12.000 Mark. Etwa ein Jahr später, im Mai 1914, stiegen professionelle Diebe in das Gutshaus ein und entwendeten das gesamte Silberinventar des Barons. Ein weiteres Jahr später erschoss sich ein unbekannter Mann aus gleichsam unbekannten Gründen auf der Zuwegung zu Sachsenwaldau[136].

---

[135] „Hamburger Nachrichten", 21. August 1898
[136] Bei dem Toten fand man lediglich eine Uhr mit dem eingravierten Namen „Puls".

Den wohl schwersten Schicksalsschlag musste Sachsenwaldau jedoch am 20. August 1901 hinnehmen. Die elegante Hausherrin Franziska Freiin von Merck, geborene von Schröder, verstarb mit gerade einmal 40 Jahren. In ihrem letzten Lebensjahr hatte die sich bester Gesundheit erfreuende Fotografin bei einem Wettbewerb in Frankfurt noch so manche Trophäe abgeräumt. Die „Photographische Rundschau" schrieb[137]:

> *„Von Frau Baronin von Merck – Sachsenwaldau finden wir eine Anzahl Arbeiten, die technisch von höchster Vollendung sind, aber auch künstlerisch sehen wir im Ausschnitt sowohl wie in der Stimmung ein tüchtiges Können bei dieser in diesem Jahre zum ersten Mal ausstellenden Kunstphotographin. "*

Laut „Hamburger Nachrichten" starb die passionierte Jägerin und allseits geschätzte Tischdame im Hause Bismarck an „einem akuten Gelenkrheumatismus". Die „Berliner Neuesten Nachrichten" ergänzten[138]:

> *„Mit den Friedrichsruher Erinnerungen der 1890er Jahre wird das Andenken der edlen Frau unzertrennlich verbunden bleiben, die das stiller gewordene Haus so oft mit der freundlichen Holdseligkeit ihres Wesens und ihrer hingebenden Treue und Anhänglichkeit erhellte. "*

Die Beerdigung fand am 23. August auf dem St. Jacobi-Friedhof in Hamburg, heute Jacobipark, statt. Auch Fürst Herbert von Bismarck und Ehefrau Marguerite, die ihre Tochter des Öfteren in die Obhut der Baronin gegeben hatten, kondolierten.

Eine neue Unternehmung, eine neue Ehe, ein verlorener Sohn

Am 12. Juli 1905 gründeten neun Gesellschafter, überwiegend Mitglieder der Häuser Merck und Schröder, die Landunternehmung Stellingen GmbH. Das Stammkapital wies die stolze Summe von einer Million Mark auf. Zu Geschäftsführern wurden der Hausherr von Sachsenwaldau, Baron Carl von Merck, sein in Manchester geborener Cousin Ernest William Merck (1854-1939) und Carl Hagenbeck (1844-1913) bestellt. Die Gesellschafter und der Unternehmenszweck, der Grundstückshandel in Stellingen-Langenfelde, ließen keinen Zweifel daran, dass die GmbH dem einstigen Lieblingsprojckt von Carls Vater Ernst, dem Zoo-

---

[137] „Photographische Rundschau"-Redaktion 1901, S. 29
[138] „Berliner Neueste Nachrichten", 22. August 1901

logischen Garten, eine neue Perspektive verschaffen bzw. die Zukunft sichern sollte. Denn 1910 lief die unentgeltliche Nutzung des Geländes am Dammtor aus.

Doch schon 1907 mussten die Mercks erkennen, dass Geschäftsführer Hagenbeck anders plante. Der gewiefte Sohn eines Fischhändlers eröffnete in Stellingen seinen „gitterlosen" Tierpark, der dem notorisch klammen Zoologischen Garten weitere Besucher abwarb. So wurde der Zoo 1930 endgültig aufgegeben und aufgelöst.

Zu den Gesellschaftern der Landunternehmung Stellingen zählte auch die verwitwete Harriet Freifrau von Schröder, geborene Milberg[139]. Harriet war die Witwe von Frederick Freiherr von Schröder (1857-1903), dem Bruder von Franziska[140] – also Carls Schwippschwägerin. Carl und Harriet kamen sich nach dem Tod ihrer Ehepartner näher und heirateten schließlich am 26. Juni 1906. Die 45-jährige Harriet brachte fünf Söhne mit in die Ehe; der 63-jährige Carl seinen am 11. Oktober 1880 geborenen Sohn Ernst, der gerade als Militär Karriere machte. Allerdings nicht in Deutschland, sondern in Guatemala.

Aufgewachsen in Sachsenwaldau und ausgebildet in Hamburg, Berlin und Hannover schloss sich Ernst im Jahr 1900 dem Schleswig-Holsteinischen Infanterieregiment Nr. 163 als Einjährig-Freiwilliger (EF) an. Danach schickte ihn Vater Carl nach Guatemala auf die Kaffeeplantage El Porvenir, bei deren Muttergesellschaft, der Hamburg Plantation Co., Carl vom Merck als Chairman dem Board of Directors vorstand[141]. Ernst sollte das Auslandsgeschäft und den Kaffeeanbau von der Pike auf lernen, um später das Familienunternehmen führen zu können, so die Pläne des Vaters.

Ernst fühlte sich in Mittelamerika äußerst wohl. Er bekam Kontakt zu

Familien-Anzeigen.

Durch die glückliche Geburt eines Sohnes wurden erfreut
Ernst Freiherr von Merck
z. Zt. im Felde,
Maria Freifrau von Merck
geb. **Beltranena Urruela.**
Sachsenwaldau, 20. Mai 1915.

Abb. 13: Anzeige zu Carlos von Merck im „Hamburgischen Correspondent" vom 21. Mai 1915 // Bild: ebenda; CC0 gemeinfrei

---

[139] Aus der Adelsfamilie Milberg stammt auch der Schauspieler Axel Milberg („Tatort Kiel").
[140] Auch Harriet Freifrau von Schröder, geborene Milberg, und Franziska von Merck, geborene Schröder, kannten sich bereits als junge Mädchen aus dem Konfirmationsunterricht.
[141] Jones 1915, S. 128

hohen Militär- und Regierungskreisen und zu Präsident Cabrera (1857-1924), so dass er schließlich in Quetzaltenango der guatemaltekischen Kavallerie beitrat. Dort stieg er zum Rittmeister auf und wechselte 1904 in die Hauptstadt als Adjutant des Kriegsministers, später auch des Präsidenten. Im Sommer 1905 wurde er als Militärattaché nach Spanien und Portugal entsandt. Nach weiteren Aufgaben (diplomatische Missionen in Brüssel, London, Den Haag, Aufbau der Luftwaffe), dramatischen Ereignissen (Krieg gegen Salvador, Verhinderung eines Attentats auf den Präsidenten) und Beförderungen (Major, Oberstleutnant, Oberst) entschied sich „Ernesto" erst einmal für den amerikanischen Kontinent. Nach einem längeren USA-Trip im Jahre 1913 heiratete er am 17. August 1914 die zwölf Jahre jüngere Maria Beltranena Urruela. Mit ihr kehrte Ernesto von Merck nach Europa zurück, wo er im Ersten Weltkrieg für Deutschland als Spion in Brüssel aktiv wurde.

Derweil brachte seine Frau Maria am 20. Mai 1915 in Sachsenwaldau Sohn Carlos (1915-1969) zur Welt, der sich in der NS-Zeit zu einem linientreuen Südamerika-Korrespondenten des „Völkischen Beobachters" entwickeln sollte. Nach Kriegsende blieb er Südamerika-Korrespondent für diverse westdeutsche Zeitungen[142]. Und er blieb Antisemit und Nationalsozialist. Seiner Mutter Maria war dagegen kein langes Leben beschieden. Sie starb bereits im September 1925 in ihrem Heimtland Guatemala.

Vater Ernesto bewegte sich in den Dreißigerjahren weiterhin aktiv und koordinierend in Geheimdienstkreisen, vornehmlich in Europa und Mexiko. In Mexiko kooperierte er eng mit dem faschistischen General Saturnino Cedillo[143] (1890-1939), dessen Heimatregion San Luis Potosi er zeitweise als Polizeichef vorstand und in dieser Funktion auch Streiks brutal beenden ließ. Als Cedillo 1939 mit seiner Privatarmee, die größtenteils von Merck rekrutiert und ausgerüstet worden war, gegen Mexikos Präsident Lázaro Cárdenas de Rio (1895-1970) rebellierte, wurde der Aufstand blutig niedergeschlagen und Cedillo getötet. Ernesto von Merck, für die Zeit danach als Cedillos Kriegsminister vorgesehen, war zu diesem Zeitpunkt bereits über New York nach Deutschland ausgereist. In Berlin starb er während des Zweiten Weltkrieges[144].

---

[142] Stahl 2017, S. 78. Überdies war Carlos von Merck für die Informationsstelle für Außenwirtschaft der Bundesrepublik tätig.
[143] Riess 1941, S. 65 ff., S. 231 ff
[144] Einige Genealogie-Portale nennen 1940, andere 1945 als Todesjahr.

Die Baden-Baden-Hinterlassenschaft

Kurz vor seiner zweiten Hochzeit mit Harriet Freifrau von Schröder musste Carl von Merck noch einige familiäre Dinge regeln. Im März 1906 verstarb seine Mutter Johanna. Diese hatte 1857 von ihrem Vater Carlo Hieronymus Borgnis (1795-1861) das Gut Falkensteg in Baden-Baden übertragen bekommen, auf dessen Gelände Johanna nach Plänen des Architekten Auguste de Meuron (1813-1898) eine neobarocke Villa errichten ließ. Es waren die Jahre der Belle Époque. Johanna veranstaltete prächtige Empfänge und Bälle mit illustren und prominenten Gästen – u.a. Fürst Bismarck. Doch mit fortschreitendem Alter fehlten Johanna die physischen und finanziellen Kräfte, um ein solch großes Haus zu bewirtschaften. So erwarb Sohn Carl 1895 via Zwangsversteigerung das Anwesen für 277.500 Mark, was exakt den Schulden seiner Mutter entsprach. Die Villa Merck, das heutige Palais Biron, wurde danach partiell vermietet, blieb aber gesellschaftliches Parkett. Doch nach dem Tod der Mutter wurde Carl von Merck des Spagats zwischen Sachsenwaldau und Baden-Baden überdrüssig und verkaufte 1912 die Villa an den Tabakfabrikanten Gustav Adolf Redwitz (1877–1914), der sich an seinem neuen Besitz allerdings nur zwei Jahre lang erfreuen konnte.

Abb. 14: Palais Biron in Baden-Baden, heute ein Tagungsort // Bild: Gerd Eichmann - eigenes Werk; CC BY-SA 4.0

Im Sachsenwald prägten derweil Landwirtschaft und steigende Grundstückspreise den eher ruhigen Alltag. Als am 13. April 1908 die fünfjährige Tochter des Landarbeiters Dewes in den Teich von Sachsenwaldau fiel, kamen glücklicherweise Landbriefträger Brandt aus Friedrichsruh und ein Arbeiter mit unbekanntem Namen des Weges und eilten der Ertrinkenden in letzter Sekunde zur Hilfe. „Das umsichtige tatkräftige Verhalten der Retter verdient warme Anerkennung", lobte der „Hamburgische Correspondent" am Tag darauf.

1912 zählte Regierungsrat Rudolf Martin in seinem Almanach „Jahrbuch der Millionäre" Carl von Merck mit einem Vermögen von 28 Millionen Mark zu den sieben reichsten Hamburgern. Die Mercks bestätigten solche Zahlen nicht – da blieben sie hanseatisch. Doch mit finanziellen Sorgen oder gar Schwierigkeiten hatte die Familie in diesen Jahren sicherlich nicht zu kämpfen.

Auch der Erste Weltkrieg hinterließ in Sachsenwaldau keine tief greifenden Spuren. Zwei Söhne Harriets – Hans als Leutnant der Reserve im 2. Mecklenburgischen Dragoner-Regiment Nr. 18 und Kurt als Berufsoffizier im Husaren-Regiment König Wilhelm I. Nr. 7 – kehrten gesund und hochdekoriert aus dem Krieg zurück. Letztgenannter, Kurt Freiherr von Schröder, legte in den nächsten Jahrzehnten eine zweifelhafte Karriere als Bankier, Mitglied des Deutschen Herrenklubs und des Keppler-Kreises[145], NSDAP-Gauwirtschaftsberater und SS-Brigadeführer hin. Unter anderem organisierte er am 4. Januar 1933 in seiner Kölner Villa ein Treffen zwischen Franz von Papen, dem ehemaligen Zentrums-Politiker und Reichskanzler (Juni bis November 1932), und Adolf Hitler. Bei dieser Zusammenkunft verständigten sich beide auf eine Reichskanzlerschaft des NSDAP-Mannes. So mancher Historiker wird diese Übereinkunft später als „Geburtsstunde des Dritten Reiches" bezeichnen.

Statt besonderer Anzeige.

Heute morgen entschlief sanft nach längerem Leiden im 78. Lebensjahr mein innigst geliebter Mann, unser treuer Vater, Schwiegervater und Großvater

Freiherr Carl von Merck.

Aufs tiefste betrauert von allen, die ihm nahestanden.
Im Namen der Hinterbliebenen
Freifrau Harriet von Merck
verw. Freifrau Frederick von Schröder,
geb. Milberg
Hamburg, den 17. November 1920.
Die Trauerfeier findet am Sonnabend, den 20. November um 10½ Uhr vormittags im Sterbehause Klopstockstraße 30a statt. Die Beisetzung erfolgt auf dem Ohlsdorfer Friedhof.

Abb. 15: Anzeige zu Frh. Carl von Merck im „Hamburger Fremdenblatt", 18. November 1920 // Bild: ebenda; CC0 gemeinfrei

---

[145] Kreis deutscher Industrieller, gegründet vom frühen NSDAP-Mitglied Wilhelm Keppler (1882-1960), der ab 1932 den Nationalsozialismus und später als „Freundeskreis Reichsführer SS" Heinrich Himmler intensiv unterstützte.

Abschied von Sachsenwaldau

Am Buß- und Bettag, dem 17. November 1920, endete „nach längerem Leiden"
das erfüllte Leben des Barons Carl von Merck im 78. Lebensjahr in der vorneh-
men Altonaer Klopstockstraße. Freifrau Harriet von Merck trauerte um ihren
„innigst geliebten Mann". Sohn Ernst, Schwiegertochter Maria und Enkel Carlos
um den „treuen Vater, Schwiegervater und Großvater".

Drei Tage später fand an gleichem Ort die Trauerfeier statt. Die Norddeut-
sche Bank würdigte ihren langjährigen Aufsichtsrat mit respektvollen Worten:

> *„Wir haben in ihm nicht nur einen pflichttreuen Berater, sondern auch einen
> schmerzlich vermissten Freund und Kollegen verloren."*

Vom Gutshaus zum Erholungsheim

Eine Reederei setzte Standards

1920/21 endete die Merck-Ära auf Sachsenwaldau endgültig, denn Carl von Mercks Ehefrau Harriet wollte nach dem Tod ihres Ehemannes das Gut nicht weiterführen. Und Carls Sohn aus erster Ehe, Ernst bzw. Ernesto von Merck, sah zunächst, wie bereits erwähnt, seine Zukunft eher in Mittelamerika als am Rande des Sachsenwaldes.

Am 3. April 1921 erschien im „Hamburgischen Correspondenten", dem Urahn aller Hamburger Tageszeitungen, folgende Anzeige:

> *„Am Mittwoch, den 4. Mai 1921, 2 ½ Uhr, soll in der Börse öffentlich freihändig die dem verst. Herrn C.H.J. Freiherrn von Merck gehörige, unter dem Namen Sachsenwaldau bekannte, in der Nähe von Aumühle am Sachsenwald und an der Bille belegene Besitzung, groß etwa 110 Morgen [knapp 28 ha, d. Autor], verkauft werden."*

Das Gut wurde mit „geräumiges, modernes Herrenhaus" „Waldpark", „großem Gemüse- und Obstgarten", „Stallungen, Garage, Verwalter- und Gärtnerhaus" näher beschrieben. Zudem, so die Anzeige weiter, gehörten neben den 110 Morgen Eigenland auch 65 Morgen Pachtland und die von der Familie Bismarck erworbenen Fischrechte in der Bille zum Gesamtpaket.

Mit dem Verkauf wurde das Hamburger Maklerbüro Arnold Hertz beauftragt. Ein Büro, das noch heute den Hamburger Immobilienmarkt bedient.

Eine Reederei greift zu

Am 7. Oktober 1921 informiert der „Deutsche Reichsanzeiger und Preußische Staatsanzeiger" im Rahmen der „Zweiten Zentral-Handelsregister-Beilage" über die HAPAG Wohlfahrtsgesellschaft mbH:

> *„Hapag Wohlfahrtsgesellschaft mit beschränkter Haftung. Der Sitz der Gesellschaft ist Hamburg.*
>
> *Der Gesellschaftsvertrag ist am 6. September 1921 abgeschlossen worden. Gegenstand des Unternehmens ist die Verwaltung der Wohlfahrtseinrichtungen, die der Gesellschaft von der Hamburg-Amerika-Linie zugewiesen werden, insbesondere die Verwaltung der Erholungsstätte Sachsenwaldau.*
>
> *Das Stammkapital der Gesellschaft beträgt 20.000 M.*
>
> *[...]*
>
> *Geschäftsführer: Carl Lembcke, Kaufmann zu Hamburg, und Friedrich Otto Schlicht, Kaufmann zu Hamburg. [...]"*

Knapp ein Jahr später, im März 1922, veröffentlichte der „Hamburgische Correspondent" den Jahresbericht der Hamburg-Amerika-Linie, mit vollem Na-

Abb. 16: Das Gartenhaus (ehemaliger Pferdestall) in der HAPAG-Zeit. An etwa gleicher Stelle steht heute das Café InTakt. // Bild: historische AK – eigenes Werk; CC BY-SA 4.0

men Hamburg-Amerikanische Packetfahrt-Actien-Gesellschaft (H.A.P.A.G.). Über die „sozialpolitischen Einrichtungen" der Schifffahrtslinie heißt es im Bericht:

> *„Um den erholungsbedürftigen Angestellten einen Landaufenthalt ermöglichen zu können, erwarben wir den Landsitz Sachsenwaldau bei Aumühle und überwiesen ihn der neugegründeten Hapag-Wohlfahrtsgesellschaft m.b.H. Wir hoffen diese Einrichtung Ostern d. J. eröffnen zu können."*

Eröffnung und Start, geplant für den 16. April 1922, müssen wohl erfolgreich verlaufen sein, denn im nächsten Jahresbericht am 15. April 1923 heißt es im „Hamburgischen Correspondenten" weiter:

> *„Mit besonderer Freude müssen wir hier die heilsame Wirkung unseres Erholungsheims ‚Sachsenwaldau' erwähnen, das in einer Zeit, in der durch die Ungunst der wirtschaftlichen Verhältnisse gerade die heranwachsende Generation in den Müttern und Kindern schwer getroffen wird, für unsere Mitarbeiter eine freudig anerkannte Einrichtung sozialer Fürsorge wird."*

Mit „Ungunst der wirtschaftlichen Verhältnisse" dürfte die Hyperinflation gemeint sein, die 1923 Unternehmer und Arbeiter in ganz Deutschland in arge Bedrängnis brachte. Doch drei Jahre später läuft Sachsenwaldau auf Normalbetrieb mit durchaus ansehnlicher Auslastung. In etwas ungelenkem Deutsch heißt es im neuen Jahresbericht aus dem Jahre 1926:

> *„Das Erholungsheim Sachsenwaldau erfüllte auch in dem Berichtsjahre in hohem Maße seinen Zweck. So konnten in 14tägigen Perioden an 17.000 Verpflegungstagen 1020 Angestellte zu einem täglichen Beitrag von 1 RMk aufgenommen, und es konnten an 148 Pensionäre, Witwen und Waisen ein 10- bis 15tägiger Freiaufenthalt gewährt werden."*

Der steile Aufstieg der HAPAG

Dass sich in der instabilen Weimarer Zeit eine Schifffahrtslinie in einer solchen Größenordnung sozial engagieren konnte, unterstreicht die besondere Erfolgsgeschichte der HAPAG. Die Reederei wurde 1847 von einer Gruppe Hamburger Kaufleute gegründet – unter ihnen auch Ernst Merck, der Vater des letzten Sachsenwaldau-Besitzers Carl Freiherr von Merck. Erstes Ziel war die Einrichtung einer regelmäßigen Postschiff-Verbindung über den Atlantik – das Wort „Packetfahrt" im Unternehmensnamen weist darauf hin. Dabei setzte die HAPAG anfänglich auf Segelschiffe mit mehreren Kabinen an Bord, wohl ahnend, dass neben der „Packetfahrt" schon bald die Personenbeförderung an

Bedeutung gewinnen würde. Denn die Nachfrage war groß, da sich das europäische 19. Jahrhundert zu einem Säkulum der Auswanderung entwickelte, vornehmlich in die „Neue Welt". Die Segelschiffe wurden dabei nach und nach durch Dampfschiffe ersetzt, was die Kapazitäten weiter ausbaute und die Termintreue der HAPAG deutlich verbesserte.

Abb. 17: Firmenschild der HAPAG // Bild: Zandcee - eigenes Werk; CC BY-SA 4.0

In den Siebzigerjahren des 19. Jahrhunderts entdeckte die HAPAG auch attraktive Destinationen in der Karibik und in Südamerika. Das Liniennetz wurde ausgebaut. Doch auch der Wettbewerb nahm zu. In den Achtzigerjahren sorgten dann einige strategische Fehlentscheidungen – falsche Schiffstypen, falsche Routen – dafür, dass die HAPAG ins Wanken geriet.

Schließlich war es der vom Konkurrenten „Carr-Linie" abgeworbene Alfred Ballin (1857-1918), der mit durchdachter Restrukturierungsarbeit, klugen Zukäufen sowie neuen Schnelldampfern, Kreuzfahrt-, Kühl- und Frachtschiffen das Steuer herumriss. Die HAPAG wurde jetzt Schritt für Schritt zur weltweit größten Reederei im beginnenden 20. Jahrhundert ausgebaut. Und dies trotz erheblicher Konkurrenz im Inland (Norddeutscher Lloyd) und in Übersee (IMMC von J.P. Morgan). Als Ballin 1918 nach der Kriegsniederlage Deutschlands erleben musste, wie der HAPAG die Schiffe wegkonfisziert wurden und sein Lebenswerk nach und nach zerbröselte, nahm er sich im November 1918 mit einer Überdosis Tabletten das Leben.

Treffpunkt Sachsenwaldau

Unmittelbar nach dem Erwwerb 1921 baute die HAPAG das Erholungsheim weiter aus. Ein großer Küchenraum, ein großzügiges Spielzimmer für Kinder, verschiedene Gesellschaftszimmer und einfache, aber gemütliche Gästezimmer warteten auf die Besucher – überwiegend HAPAG-Mitarbeiter und ihre Familien. In einer vom Unternehmen redigierten und von der Druckerei Gustav Petermann in Hamburg produzierten Broschüre[146] hieß es:

> *„Schlichte, farbige Vorhänge an den Fenstern unterstützen die Aufforderung, den Landschaftsausschnitt, der sich bietet, als Hauptthema zu nehmen. Bequeme Stühle laden zum Sitzen ein. Eine breite Treppe führt hinauf in das Obergeschoß, in welchem sich heute lauter Fremdenzimmer befinden. An den Ahnensaal feudaler Tradition erinnert nur noch der Parkettfußboden in einigen nebeneinanderliegenden normalen Gästezimmern. "*

Zusätzlich erwarb die HAPAG in den Zwanzigerjahren ein Kinderheim in Wyk auf Föhr. Unabhängig davon blieb Sachsenwaldau der feste Ankerpunkt in den Sozialberichten der Reederei.

Gleichzeitig wurde das Gutshaus des Öfteren von Wanderern aus dem Sachsenwald angesteuert, z.B. von einer Jugendgruppe der Deutschen Volkspartei (DVP), von Mitgliedern des Vereins Marinejugend Vaterland aus Berlin oder auch von „Reklamefachleuten" aus den USA. Letztere, es waren Mitglieder des „Advertising Clubs" aus Detroit und Boston, besuchten den Sachsenwald im August 1929, wo sie zwischen einer Hafenrundfahrt und einem Besuch in Hagenbecks Tierpark ein kräftiges Mittagessen in Sachsenwaldau erwartete. Begrüßt wurden sie dort von Dr. Wilhelm Cuno, dem früheren Reichskanzler (November 1922 bis August 1923) und neuen starken Mann der HAPAG in der Nach-Ballin-Ära. Zeitgleich machte eine freudige Nachricht die Runde, wie die „Hamburger Nachrichten" am 11. August 1929 berichteten:

> *„In Sachsenwaldau erreichte die Amerikaner die Meldung von der glücklichen Landung des Luftschiffes ‚Graf Zeppelin' in Friedrichshafen[147], die mit begeisterten Hochrufen begrüßt wurde. "*

---

[146] Die Broschüre trug den Titel „Sachsenwaldau – Das Erholungsheim der HAPAG".
[147] 1910 übernahm die HAPAG auch die Vermarktung und Passagierabfertigung der Zeppeline, Deutsche Luftschiffahrts AG (DELAG). Hauptverantwortlich war Louis Leisler Kiep, Vater des späteren CDU-Schatzmeisters Walther Leisler Kiep. Die „glückliche Landung" in Friedrichshafen war eine Etappe des Weltfluges der Graf Zeppelin (LZ 127) von Lakehurst (New Jersey) über Friedrichshafen, Tôkyô, Los Angeles, New York und wieder Friedrichshafen.

So reisten die US-Werber mit viel Euphorie im Gepäck weiter zum Weltreklamekongress in Berlin (11.-15. August 1929), dem eigentlichen Ziel ihrer Europa-Reise.

NS-Zeit

In der NS-Zeit musste sich auch die HAPAG dem neuen Regime unterordnen und anpassen. Da die Reederei durch den weitgehenden Wegfall des Transatlantikgeschäfts schwere Zeiten durchlebte – die Auswanderungszahlen sanken nach einer Verschärfung der US-Einwanderungsbestimmungen erheblich, erlangten staatliche Stellen und damit auch nationalsozialistische Organisationen durch Schuldenübernahme Einfluss auf die Geschäftspolitik der HAPAG. Die Reederei wurde auf NS-Kurs getrimmt. Der jüdische Bankier Max Warburg (1867-1946), ein langjähriger Vertrauter von Alfred Ballin, musste den Aufsichtsrat verlassen.

Auch die Sozialpolitik sollte sich verändern. Zunächst starb am 14. Januar 1937 Carl Lembcke, der langjährige Leiter der sozialen HAPAG-Einrichtungen. Speziell für das Erholungsheim in Sachsenwaldau und das Kinderheim in Wyk auf Föhr engagierte sich Lembcke, ein laut Traueranzeige „Mann voll leuchtendem Humor und echt niederdeutscher Wesensart", in hohem Maße.

In den Dreißigerjahren offerierte das Unternehmen weiterhin Erholungsplätze für Seenotretter und Angestellte der HAPAG. Ein prominentes Beispiel aus dieser Zeit waren Besatzungsmitglieder des Passagierschiffs „New York", die unter Leitung des Zweiten Offiziers Alfred Wiesen mit ihrem Rettungsboot am 18. und 19. Dezember 1934 die sechzehnköpfige Besatzung des manövrierunfähig gewordenen norwegischen Dampfers „Sisto" aus schwerer See retteten. Dafür wurde allen Besatzungsmitgliedern mit ihren Fa-

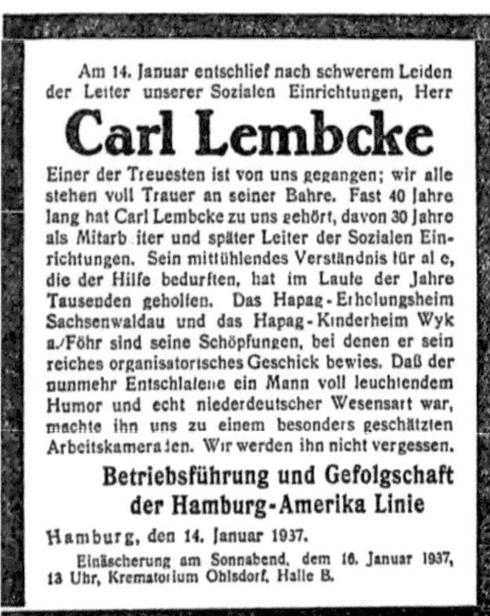

Am 14. Januar entschlief nach schwerem Leiden der Leiter unserer Sozialen Einrichtungen, Herr

Carl Lembcke

Einer der Treuesten ist von uns gegangen; wir alle stehen voll Trauer an seiner Bahre. Fast 40 Jahre lang hat Carl Lembcke zu uns gehört, davon 30 Jahre als Mitarbeiter und später Leiter der Sozialen Einrichtungen. Sein mitfühlendes Verständnis für alle, die der Hilfe bedurften, hat im Laufe der Jahre Tausenden geholfen. Das Hapag-Erholungsheim Sachsenwaldau und das Hapag-Kinderheim Wyk a./Föhr sind seine Schöpfungen, bei denen er sein reiches organisatorisches Geschick bewies. Daß der nunmehr Entschlafene ein Mann voll leuchtendem Humor und echt niederdeutscher Wesensart war, machte ihn uns zu einem besonders geschätzten Arbeitskameraden. Wir werden ihn nicht vergessen.

Betriebsführung und Gefolgschaft der Hamburg-Amerika Linie

Hamburg, den 14. Januar 1937.

Einäscherung am Sonnabend, dem 16. Januar 1937, 13 Uhr, Krematorium Ohlsdorf, Halle B.

Abb. 18: Traueranzeige zu Carl Lembcke in den „Hamburger Nachrichten", 15. Januar 1937 // Bild: ebenda; CC0 gemeinfrei

milien ein vierwöchiger Sommeraufenthalt im Erholungsheim Sachsenwaldau zugesprochen. Alfred Wiesen wurde „mit sofortiger Wirkung" zum Ersten Offizier befördert.

Gleichzeitig drängten aber auch verschiedene Partei- und parteinahe Organisationen, darunter zum Beispiel die Deutsche Arbeitsfront (DAF), die Nationalsozialistischen Betriebszellenorganisationen (NSBO), der Nationalsozialistische Studentenbund Deutschlands (NSD), die Hitlerjugend (HJ) oder auch das Winterhilfswerk (WHW), nach Sachsenwaldau und verteilten unter ihrer Klientel Erholungsplätze – begleitet von propagandistischer und regimetreuer Berichterstattung, wie zum Beispiel in der NSDAP-Zeitung „Hamburger Tageblatt" vom 21. Februar 1934:

> *„Ein Feldweg zwischen alten Bäumen, rechts die lange Reihe der Wirtschaftsgebäude, schon hält der Wagen vor dem schlichten Portal des stillen, geruhsamen Landsitzes Sachsenwaldau, der heute Erholungsheim für die Angestellten und Arbeiter der Hapag ist. Tiefe Stille herrscht auch in den einfachen, sauberen Räumen des Hauses. Hinter einer Tür gedämpfte Stimmen. Als wir den Raum betreten, springen sieben Jungen auf und grüßen mit erhobenem Arm: Heil Hitler! [...]*
>
> *Es ist ein schöner Zug, daß man drei bedürftige Hamburger Jungvolk-Jungen mit ihnen [gemeint sind fünf Münchener Hitler-Jungen, d. Autor] zusammensteckte. Der Führer der Jungen, ebenfalls ein Münchener, erzählt, daß die Kameradschaft untereinander ganz ausgezeichnet sei. "*

Im Herbst 1938 wurden auf Anweisung der Hamburger Behörden auch sudetendeutsche Flüchtlinge in Sachsenwaldau einquartiert. Während des Zweiten Weltkrieges verwandelte sich Sachsenwaldau in ein Lazarett.

Die Eigentümerin, die HAPAG, verlor unterdessen in ihrem Kerngeschäft zahlreiche Schiffe. Die ersten gleich nach Ausbruch des Krieges, da sie in fremden Häfen vor Anker lagen und von ausländischen Behörden beschlagnahmt wurden. 1941 wurden die HAPAG-Aktien, die sich im Besitz des Deutschen Reichs befanden, an Privatpersonen verkauft. Trotzdem blieb die HAPAG weisungsgebunden. Dieses führte in den letzten Kriegsmonaten zu so einigen gefahrvollen Einsätzen in der Ostsee, wo die HAPAG mit ihren verbliebenen Schiffen den Flüchtenden aus den Ostgebieten (Ostpreußen, Pommern) den Seeweg anbot.

Nachkriegszeit

Unmittelbar nach dem Krieg gab es eine kurzfristige Nutzung Sachsenwaldaus als Lungenheilanstalt, derweil sich die HAPAG mit bescheidenen maritimen Dienstleistungen, Gastronomie- und Tourismusgeschäften über Wasser hielt. Ein teures Erholungsheim zum Wohle der Mitarbeiter passte nicht mehr so recht ins Bild. So ging Sachsenwaldau 1949 in die Hände der Freien und Hansestadt Hamburg über. Die HAPAG konnte sich dagegen wieder verstärkt auf ihr Reederei-Geschäft konzentrieren, denn die internationalen Restriktionen für die deutsche Schifffahrt wurden nach und nach aufgehoben.

Sachsenwaldau wird zur "Trinkerheilanstalt"

Namensgeber Heinrich Eisenbarth

Mit der Übernahme des Guthauses durch die Freie und Hansestadt Hamburg änderte sich 1949 auch die Nutzungsart der Liegenschaft. Sachsenwaldau wurde zu einer therapeutischen Einrichtung für alkoholkranke Männer. „Trinkerheilanstalt" hieß das neue Etikett im Fachjargon der Nachkriegszeit. „Heinrich-Eisenbarth-Heim" war zwei Jahre später der offizielle Name der Einrichtung. Überdies kamen nach und nach weitere Gebäude hinzu, die noch mehr Bewohner aufnehmen konnten.

Namensgeber Heinrich Eisenbarth (1884-1950), ein gebürtiger Koblenzer und gelernter Tischler, kam vor dem Ersten Weltkrieg nach Hamburg und trat kurz darauf der SPD bei. In der Weimarer Zeit stieg er zum stellvertretenden Landesvorsitzenden der Sozialdemokraten auf. Im März 1925 wurde er Mitglied des Hamburger Senats. Sein Interesse galt in erster Linie der Sozialpolitik; speziell der Jugend- und Gesundheitspolitik.

35 SPD.-Leute in Hamburg verhaftet.

Bei einer geheimen Versammlung betroffen.

Hamburg, 18. Juni. In der Nacht zum Samstag sind in Hamburg zahlreiche führende Sozialdemokraten verhaftet worden. Unter den Verhafteten befindet sich auch der ehemalige Polizeisenator von Hamburg, Schönfelder, ferner die ehemaligen Senatoren Eisenbarth, sowie Dahrendorf, Frau Zabel, Reichstagsabgeordneter Staudinger und der Vorsitzende der Hamburger SPD. Meitmann usw. Die Gesamtzahl der Verhafteten beläuft sich auf 35. Weitere Verhaftungen stehen bevor. Die Festnahmen erfolgten auf einer verbotenen Versammlung.

Abb. 19: Nachricht zur Verhaftung Eisenbarths durch die Nationalsozialisten in den „Hamburger Nachrichten" vom 19. Juni 1933 // Bild: ebenda; CC0 gemeinfrei

Mit der Machtergreifung der Nationalsozialisten 1933 verlor er seine Ämter und sah sich Demütigungen, Drangsalierungen und auch Verhaftungen ausgesetzt. Doch Eisenbarth überlebte die dunkle Zeit. Mit weißer Weste wurde er bereits am 15. Mai 1945 zum Senator ernannt, zuständig für die Gesundheitsverwaltung und das Landesjugendamt. In einer Grußadresse zu seinem 65. Geburtstag lobte ihn das „Hamburger Echo" am 7. Juli 1949:

Doch allzu lange konnte sich Eisenbarth nicht mehr nützlich machen. Bereits ein knappes Jahr später erlag er im Krankenhaus St. Georg einem Schlaganfall. Bürgermeister Brauer sprach von einem „vorbildlichen Bürger unserer Stadt", dessen Lebensaufgabe es gewesen sei, „dem Volk zu dienen"[148].

Anfänge der Hamburger Sozialarbeit

So widersprüchlich es auf den ersten Blick wirken mag, aber die Hamburger Sozialarbeit hatte ihre Wurzeln im sogenannten „Werk- und Zuchthaus" an der Binnenalster, das Anfang des 17. Jahrhunderts auf dem heutigen Gelände des Thalia-Theaters eingerichtet wurde. Schon damals bot man „Bettlern, Trinkern, Arbeitsscheuen, Dirnen", so der damalige Jargon, Unterkunft und Verpflegung an.

Abb. 20: Grabstätte von Heinrich Eisenbarth // Bild: Bernhard Diener - eigenes Werk; CC BY-SA 4.0

Über verschiedene Entwicklungsstufen und Etappen hinweg entstanden im Laufe des 19. und 20. Jahrhunderts verschiedene Häuser und Heime im Hamburger Stadtgebiet, die unterschiedliche hilfsbedürftige Gruppen ansprachen. 1949 kam dann vor den Toren Hamburgs das Gut Sachsenwaldau respektive das Heinrich-Eisenbarth-Heim hinzu, das sich fortan um alkoholkranke Männer kümmern sollte.

Parallel betreute auch das „Versorgungsheim Farmsen" Alkoholkranke aus dem Hamburger Raum. Hier richtete sich der Fokus in der Nachkriegszeit auf alkoholkranke Frauen. Das Versorgungsheim blickte dabei auf eine wechselhafte und zum Teil recht düstere Vergangenheit zurück. 1904 als Zweigstelle des „Werk- und Armenhauses Barmbek", einer Heimstätte für Menschen mit Beein-

---

[148] „Hamburger Freie Presse", 5. August 1950

74

trächtigungen, gegründet, wurde die Einrichtung 1919 in „Versorgungsheim" umetikettiert. Weitere vier Jahre später, 1923, wurde Farmsen auch offiziell zur ersten staatlichen „Trinkerheilstätte" ernannt – mit 40 Plätzen für „heilbare Trinker" und 80 Plätzen für „unheilbare Trinker". Bei guter Führung wurde ein neunmonatiger Aufenthalt zugesichert. Allerdings bestand Arbeitszwang[149].

1929 unterstand das Versorgungsheim als „staatliche Wohlfahrtsanstalt" der Hamburger Sozialbehörde. Zu dieser Zeit lebten etwa 1.500 Menschen im Versorgungsheim. Es waren gesellschaftlich Deklassierte, denen, so die offizielle Lesart, Gelegenheit geboten werden sollte, sich über Arbeitsleistung „gesellschaftlich zu rehabilitieren". Doch in realitas war das Heim eher ein Ort der Zwangsunterbringung und -fürsorge.

In der NS-Zeit erfuhr das System eine weitere Radikalisierung. Farmsen erlangte im Rahmen der Rassen- und Aussonderungspolitik des NS-Regimes traurige Berühmtheit. Schon der neue Name „Bewahranstalt für Asoziale" ließ Schlimmes befürchten. Die Bewohner, vom berüchtigten Leiter Georg Steigertahl (1885-1977) als „Alte, Sieche, chronisch Kranke, Behinderte, Gefährdete und Bewahrungsfälle" bezeichnet, wurden impertinent und abwertend zu „Asozialen" erklärt und in vielen Fällen zwangssterilisiert, entmündigt oder gar in Konzentrations- und Vernichtungslager deportiert. Es ist eines der dunkelsten Kapitel der Hamburger Sozialgeschichte.

Sachsenwaldau in der Nachkriegszeit

Im Juni 1957 waren etwa 50 Prozent der 310 Heimplätze des Heinrich-Eisenbarth-Heims für alkoholkranke Menschen reserviert. Die männlichen Alkoholkranken, die zu dieser Zeit noch in Farmsen wohnten, wurden jetzt sukzessive in den Hamburger Osten verlegt[150].

Sachsenwaldau firmierte zu dieser Zeit laut „Lehrbuch der Psychatrie" von Eugen Bleuler als Trinkerheilanstalt. Bundesweit war das Modell der „offenen Trinkerheilstätte" häufiger anzutreffen, in denen „eine kleine Gruppe von heilbaren Trinkern durch einen Hausvater betreut" wurde[151].

---

[149] Alida-Schmidt-Stiftung (Redaktion) 2014, S. 36
[150] Hauschildt 1995, S. 224
[151] Bleuler 1983, S. 294

In einem Feature-Artikel aus dem Jahre 1962 erläuterte die „Neue Presse" mit kaum veränderter Tonalität die Aufteilung des Heinrich-Eisenbarth-Heims[152]:

> *„In zwei Gruppen leben Alkoholiker, Verwahrloste, Obdachlose und Schwachsinnige beisammen, die entweder freiwillig oder durch Gerichtsbeschluss eingewiesen wurden. Da gibt es zunächst jene, die sich frei bewegen dürfen. Sie gehen innerhalb der Anstalt selbständig ihrer Arbeit nach und erhalten zum Wochenende Ausgehurlaub. In der geschlossenen Abteilung werden die Männer auch während ihrer Freizeit beaufsichtigt. "*

Die Verpflegung wurde als „einfach, aber reichlich", die Unterbringung mit „sauber und ordentlich" beschrieben. Die meisten Bewohner arbeiteten in der Landwirtschaft und wurden über ihre Tätigkeit wieder an einen geregelten Tagesablauf herangeführt. Für Zuverlässigkeit und gute Leistungen gab es Prämien und Sonderurlaube. Rückfälle wurden mit drei Tagen Einzelunterbringung und drei Monaten Urlaubssperre geahndet.

Urlauber verpflichteten sich zudem, während ihrer Abwesenheit vom Heinrich-Eisenbarth-Heim regelmäßig sogenannte Antabus-Tabletten[153] einzunehmen, die bei Alkoholkonsum für Übelkeit und unangenehme Gliederschmerzen sorgten. Am Ende fasste die „Neue Presse" die Gesamtsituation Sachsenwaldaus zu Beginn der Sechzigerjahre so zusammen:

> *„Der Alkoholismus hat in den Jahren des Wirtschaftswunders alle sozialen Schichten erfaßt. Besonders schlechte Erfahrungen machte der Anstaltsarzt mit den Intellektuellen. Von den 450 Anstaltsinsassen kamen 90 freiwillig. Viele fühlen sich in den freundlichen Unterkünften so wohl, daß sie nicht wieder fortwollen. "*

Gezeitenwende in der Suchthilfe gegen Ende der Sechzigerjahre

Während in Farmsen im Rahmen des neunmonatigen Aufenthalts Arbeitszwang bestand, gab es ab 1966 im Heinrich-Eisenbarth-Heim, basierend auf Erfahrungen aus der praktischen Arbeit, auch eine geschlossene Abteilung für Suchtkranke. Gleichzeitig räumte die Legislative der noch jungen therapeutischen Disziplin eine höhere Priorität ein. So begann am 18. Juni 1968 eine neue

---

[152] Vorliegend in der „Honnefer Volkszeitung", 26. März 1962
[153] Antabus® war der Handelsname des Arzneimittels. Die Tabletten bestanden aus Disulfiram (INN) bzw. Tetraethylthiuramdisulfid (TETD).

Zeitrechnung, als das Bundessozialgericht Alkoholismus endlich als Krankheit anerkannte. Damit waren die Krankenkassen verpflichtet, die Therapiekosten zu übernehmen – auch wenn es in der Praxis noch einige Jahre dauern sollte, bis sich die neuen Abrechnungsverfahren einspielten.

Auch die Fachsprache stand vor deutlichen Veränderungen. Noch 1971 wurde in einer Dienstanweisung des Hamburger „Amtes für Heime" an das Betreuungspersonal recht klischeehaft von einem „Mangel an innerer Festigkeit" als Ursache für die Suchterkrankungen der „Gefährdeten" ausgegangen:

> *„Das Gefährdetenheim Farmsen und das Heinrich-Eisenbarth-Heim sind Einrichtungen der Arbeits- und Sozialbehörde Hamburg, in denen vorwiegend Gefährdete untergebracht sind, die aus Mangel an innerer Festigkeit kein geordnetes Leben in der Gemeinschaft geführt haben. Frauen sind im Gefährdetenheim Farmsen, Männer im Heinrich-Eisenbarth-Heim untergebracht."*

Doch nach und nach änderten sich die Therapiekonzepte und mit ihnen auch das begleitende Wording. In Hamburg stieg in dieser Zeit ein gewisser Harald Wehking, Verwaltungsleiter im Hamburger Amt für Wohlfahrtsanstalten, zur Schlüsselfigur für die Suchthilfe auf. 1969 wurde Wehking im Nebenamt zum Geschäftsführer der Alida-Schmidt-Stiftung ernannt[154], die sich auf seine Initiative hin in den Siebzigerjahren verstärkt um den Bereich „Suchtkrankenhilfe" kümmerte. Vor seiner Stiftungsarbeit war Wehking bereits acht Jahre lang im Heinrich-Eisenbarth-Heim tätig gewesen. Jetzt als Stiftungsleiter holte er Sachsenwaldau in die Alida-Schmidt Stiftung[155]:

> *„Die mangelnde therapeutische Hinwendung zu den dort untergebrachten therapiewilligen Alkoholikern hatte mich sehr beschäftigt. In der Stiftung sah ich die Gelegenheit, ein Angebot für genau diese Menschen zu machen. Gemeinsam mit dem damaligen Amtsleiter versuchte ich, Politiker für diese Idee zu gewinnen. Wir luden zu einer einwöchigen Rundreise in deutsche und Schweizer Heilstätten ein – die Resonanz war sehr gut und die Unterstützung war uns sicher."*

---

[154] Harald Wehking war von 1969 bis 1991 Geschäftsführer der Alida-Schmidt-Stiftung, davon zehn Jahre nebenberuflich und zwölf Jahre hauptberuflich. Überdies leitete er zeitweise die Wilhelm-Carstens-Gedächtnis-Stiftung und die Flutopfer-Stiftung von 1962.

[155] Alida-Schmidt-Stiftung (Redaktion) 2014, S. 22

Wehking war der festen Überzeugung dass eine Trennung der therapie-
willigen Alkoholiker von den anderen Bewohnern notwendig sei, um erfolgsver-
sprechende Therapieangebote kreieren zu können. So wurde zunächst ein ehemaliges Kinderheim in Hanstedt, etwa 30 Kilometer südlich von Hamburg, zum
„Fachkrankenhaus Hansenbarg" umgebaut. Als Wehking diese Gelegenheit entdeckte, war er sofort Feuer und Flamme[156]:

> *„Das ist das, was wir gesucht haben! Hier errichten wir eine Fachklinik für*
> *besserungsfähige Alkoholiker. "*

Wehking war es auch, der 1973 die Einrichtung des Sozialtherapeutischen
Wohnheims Jenfeld (STWJ)[157], bis dahin Heimstatt für männliche Tbc-Patienten,
mit 40 Plätzen für Alkoholkranke vorantrieb. Hier konnten Bewohner aus
Sachsenwaldau, bei denen sich erste Therapieerfolge abzeichneten, weiter stabili-
siert werden. Zuvor waren diese Menschen nach ihrem Auszug aus Sachsenwaldau mangels Wohnraum meist in Männerwohnheimen gelandet, wo sie meist
wieder direkt auf Alkoholkranke trafen. Die Rückfallquote fiel entsprechend hoch
aus.

Neustrukturierung in den Neunzigern

Am 1. Januar 1991 wurde das bei der Sozialbehörde angesiedelte Amt für Heime
aufgelöst. Es entstand der Landesbetrieb „Pflegen & Wohnen", der sich
sechseinhalb Jahre später in eine Anstalt öffentlichen Rechts (AöR) wandelte.
Träger war die Stadt Hamburg. In der Drucksache 18/2005 der Hamburgischen
Bürgerschaft vom 6. April 2005 heißt es rückblickend:

> *„Die städtischen Pflege-, Wohn- und Behinderteneinrichtungen sind zum*
> *01.01.1991 zur Steigerung der Wirtschaftlichkeit und zur Verbesserung der*
> *Aufgabenabgrenzung in einen Landesbetrieb nach § 26 LHO überführt wor-*
> *den. Mit dem „Gesetz zur Errichtung der Anstalt öffentlichen Rechts ‚pflegen*
> *& wohnen' (p&w)" vom 11.06.1997 (PWG) wurde für den Landesbetrieb*
> *Pflegen & Wohnen die Betriebsform nach § 26 LHO zum 01.08.1997 aufge-*
> *hoben und p&w Anstalt öffentlichen Rechts. Der Landesbetrieb Landwirt-*
> *schaft des Heinrich-Eisenbarth-Heimes wurde in die neue Anstalt einge-*

---

[156] Alida-Schmidt-Stiftung (Redaktion) 2014, S. 22
[157] Heute heißt die Einrichtung „Therapeutische Gemeinschaft Jenfeld" (TGJ) und wird nach wie
vor von der Alida-Schmidt-Stiftung verwaltet.

gliedert. Gemäß § 1 Abs. 3 PWG gelten diese Landesbetriebe ab dem 01.08. 1996 wirtschaftlich als für Rechnung der AöR geführt. "

Doch auch dieser Status währte nicht lange. Zum 1. November 2005 wurde der Pflegebereich unter dem Titel „Pflegen & Wohnen Hamburg" nach und nach privatisiert. Die verbliebenen Bereiche, zu denen auch die Suchthilfe mit dem Standort Sachsenwaldau gehörte, erhielten den Namen f&w („Fördern & Wohnen") und blieben gesellschaftsrechtlich als AöR der Freien und Hansestadt Hamburg unterstellt.

Sachsenwaldau Nummer 8

Alltag in einer therapeutischen Einrichtung

Sachsenwaldau präsentiert sich heute als moderne Therapieeinrichtung, komfortabel eingebettet in das Hamburger Sozialunternehmen f&w.

Auf ihrer Website spricht die Einrichtungsleitung die Zielgruppe direkt an:

> *„Ihr Leben soll nicht mehr von Alkohol, Drogen oder Medikamenten bestimmt sein. Sie wollen von der Sucht loskommen, sind psychisch erkrankt oder beides. Im Sozialtherapeutischen Zentrum Sachsenwaldau entwickeln Sie Perspektiven für ein suchtfreies Leben. "*

Konkret angeboten werden „Gruppen- und Therapieangebote, fachärztliche Sprechstunden, Substitution, Arbeitsaufgaben und Freizeitaktivitäten, Trainingsprogramme vor dem Auszug". Dazu zählen im Einzelnen „Entspannungs- und Körpererfahrung, Sport und Bewegung, Anti-Stress-Training, Konflikt- und Gesprächsübung, Rückfall-Training, Gefühls- und Verhaltensregulation, Reflexion von Rolle und Verhalten, Sucht-Akupunktur".

Die Klienten sind in Sachsenwaldau in Gruppen bis zu 10 Personen untergebracht. In den verschiedenen Häusern auf dem Gelände gibt es Einzelzimmer und in Sonderfällen auch Zimmer für Paare. Als akzeptiert und etabliert gilt auch seit vielen Jahren das Thema Partizipation. Die Bewohner können sich in den Wohnbeirat oder zum Gruppensprecher wählen lassen und in den entsprechenden Gremien über wichtige Fragen mitentscheiden.

Zentraler Treffpunkt für alle Bewohner ist das an den Fischteichen gelegene Café InTakt. Ein barrierefreies Café mit großer Terasse, das von f&w-Klienten und -Mitarbeitern der Abteilung „Beschäftigung" betrieben wird. Es bietet den Sachsenwaldau-Bewohnern wie auch der allgemeinen Öffentlichkeit Mittagessen, Kaffee und Kuchen an. Gelegentlich finden Lesungen, Ausstellungen und kleinere Konzerte statt. Insbesondere Sachsenwald-Wanderer kehren gerne im Café ein. Dem Fachkonzept der Sozialraumorientierung wird somit im besten Sinne entsprochen.

Abb. 21: Das Café InTakt auf dem Gelände Sachsenwaldaus // Bild: Mit freundlicher Genehmigung von Heike Günther

Des Weiteren befinden sich auf dem Gelände eine Sporthalle, die zeitweise auch vom Sportverein Vorwärts Ohe genutzt wurde, verschiedene Werkstätten, eine Gärtnerei, eine Hundeschule und ein Pferdehof, mittlerweile privatwirtschaftlich verpachtet. Zu letzterem gehören eine 20 mal 40 Meter große Reithalle, eine separate Bewegungshalle und ein kleiner Indoor-Longierzirkel. Dazu ein 20 mal 60 Meter großer, beleuchteter Außenplatz und ein weiterer, ebenfalls beleuchteter Outdoor-Longierzirkel. Ein Großteil der Pferde, die in der Pferdepension, dem Reha & Therapiezentrum Hof Büchsenschinken, untergebracht sind, gehört Reitern und Pferdeliebhabern aus Hamburg und Umgebung, die mit ihren Besuchen für Bewegung und Begegnug in Sachsenwaldau sorgen. Ihre Ausritte gehen vorzugsweise in den Sachsenwald, der sich sehr gut für Gelände-, Wander- oder auch Distanzritte eignet.

Im Fokus stehen produktive und kreative Tätigkeiten

Zu den wesentlichen Zielen der therapeutischen Arbeit in Sachenwaldau gehört die Heranführung der Bewohner an eine neue, verlässliche Tagesstruktur. Insbesondere der Bereich „Beschäftigung" offeriert kreative Arbeit, sei es mit Holz und anderen Naturmaterialien, mit Metall, mit Farbe oder mit Pflanzen. Weitere regelmäßige und Verlässlichkeit einfordernde Aufgaben fallen im Café, in der Küche, im Kiosk, in den Ställen und in den Gärten an.

Die Therapieziele werden realitätsnah formuliert, was auch von den Seelsorgern unterstützt wird, die der Kirchenkreis Südstormarn der evangelisch-lutherischen Kirche zur Betreuung abstellt. Gabriele Mayer, die neben Theologie auch Betriebswirtschaftslehre studierte und vor ihrer Seelsorgearbeit in der freien Wirtschaft bei der Bavaria St. Pauli-Brauerei beschäftigt war, formulierte es in ihrer Sachsenwaldau-Zeit so[158]:

> *"Die Menschen hier sind eigentlich süchtig nach Beziehung; der Alkohol ist dabei eher die Nebenerscheinung. Was die Leute herbeisehnen, ist nicht der ‚Stoff', sondern das Vertrauen in die eigene Kraft und in das Wohlwollen der Mitmenschen."*

Mayer blickte im Zeitungsgespräch ohne Krokodilstränen auf die temporären Rückfälle einiger Bewohner. Die kurzfristigen Glücksmomente, die sich aus diesen Rückfällen ergäben, so Mayer, würden nach Abklingen des Rausches unmittelbar von einem nicht minder extremen Stimmungstief abgelöst. Aus diesem wieder herauszukommen sei nicht einfach. Eine Situation, in der oft die Hilfe Mayers oder auch ihres ebenfalls sehr beliebten Nachfolgers, des Reinbeker Pastors Benedikt Kleinhempel, gefragt gewesen sei.

Kleinhempel war es auch, der 2016 die Idee hatte, die Holzfiguren der Reinbeker Weihnachtskrippe auf Reisen zu schicken. Prompt landeten die Heiligen drei Könige im Café InTakt, wo sie von der f&w-Sozialarbeiterin Bente Fürböter-Lorenz und den Bewohnern Stefan Reichow und Wilfried Meyer beherbergt und umsorgt wurden. Daraus entwickelte sich ein Theaterstück, in dem sich die drei Könige über die unterschiedlichen Gäste im Café InTakt und über die heilsame Kraft der Kommunikation austauschten. Ein Stück, das nach königlicher Rückkehr in die Oher St. Michael-Kapelle am Müssenredder zur Erstaufführung kam.

Bisweilen kommt es in Sachsenwaldau aber auch zu tragischen oder gar dramatischen Vorfällen. So sorgt die angegriffene Gesundheit vieler Bewohner in unregelmäßigen Abständen für unangenehme Diagnosen, Notarzteinsätze und Krankenhausaufenthalte. Auch kleinere Unfälle sind nicht ungewöhnlich.

---

[158] „Hamburger Abendblatt", 23. September 2002

Trauriger Höhepunkt war die Ermordung einer Bewohnerin im Mai 2012 im benachbarten Sachsenwald, nahe der Fürstenbrücke. Stichverletzungen setzten dem Leben der 68-Jährigen ein gewaltsames Ende. Sachsenwaldau stand unter Schock, wie auch die damalige Leiterin Juliane Chakrabarti der Lokalpresse bestätigte, als sie von einer „sehr sensiblen Situation" sprach. Die Wahrnehmung Sachsenwaldaus als sicherer Zufluchtsort sei für einige Klienten vorübergehend ins Wanken geraten. So wurden kurzfristig Unruhe und Misstrauen zu unwillkommenen Gästen im Hamburger Osten.

Eingliederungshilfe, Inklusion, Sozialraumorientierung

2013 übernahm Jochen Krull die Leitung der Einrichtung. Unter ihm ging die Einbettung Sachsenwaldaus in die unmittelbare Nachbarschaft und die Kontaktaufnahme mit affinen Organisationen stetig voran. Zu den traditionell engen Verbindungen mit der evangelisch-lutherischen Kirchengemeinde Schönningstedt-Ohe gesellten sich Kooperationen mit Hanseatic Help, der Loki-Schmidt-Stiftung, der „Tulpen für Brot"-Initiative der Welthungerhilfe, der BUND-Ortsgruppe Reinbek/Wentorf und der „Das Geld hängt an den Bäumen gGmbH", nach selbstgewählter Etikettierung der „soziale Saftladen" Hamburgs. Freundschaftliche Bande bestehen mit dem Zonta-Club Aumühle-Sachsenwaldau, der sich regelmäßig und liebevoll um die Bewohnerinnen der Einrichung, speziell um das Frauenhaus „Seeblick", kümmert, und dem Reinbeker Verein „Pferd & Natur", der in seinem angepachteten Stall einige Pferde von den Klienten Sachsenwaldaus mitbetreuen lässt.

Viel Bewegung auf dem Gelände

Zu den Highlights rund um das ehemalige Gutshaus zählt sicherlich auch das „Gelände der Begegnung". Ein Kunst- und Skulpturenpark für alle Bewohner, aber auch für Sachsenwaldbesucher und die allgemeine Öffentlichkeit bestimmt. In unmittelbarer Nachbarschaft befindet sich die von Klienten betriebene Gärtnerei. Das dort geerntete Gemüse, aber auch diverse Handarbeiten und Kunstgegenstände aus den unterschiedlichen Gewerken werden im Café InTakt verkauft. Ein zwischenzeitlich gegründeter Hofladen musste aufgrund anderer Planungen wieder aufgegeben werden.

Dagegen eroberte allerlei Federvieh, darunter Legehennen, Wachteln, Haubenhühner, Gänse und ein Pfauenpärchen die Grünflächen der Einrichtung und en passant auch die Herzen der Bewohner. Letzteres gilt auch für die zusätzlich angeschafften Kaninchen und die kaum wahrnehmbaren Bewohner des neuen Sandariums bzw. des nah gelegenen Insektenhotels. Das Sandarium wurde von externen Reinbeker Bürgern angelegt, die zudem auf dem Gelände unter tüchtiger Mithilfe der Bewohner eine nachhaltige Permakulturfläche betreiben – frei nach dem Motto „Vielfalt statt Monokultur". Um ausreichende Diversität muss man sich in Sachsenwaldau keine Sorgen machen.

Schließlich sollte noch der inzwischen vor Ort ansässige Hundeverein Pedemonte e.V. Erwähnung finden, der interessierten Bewohnern Gelegenheit bietet, mit den unternehmungslustigen Vierbeinern und ihren Besitzern spazieren zu gehen. Diese charmante Idee wurde auch für den Senator-Neumann-Preis nominiert, den die Freie und Hansestadt Hamburg jedes Jahr für vorbildliche Inklusion vergibt. Doch am Ende hatten leider andere Initiativen die Nase vorn.

Abb. 22: Typisches Sachsenwaldau-Fest im Jahr 2017 // Bild: Mit freundlicher Genehmigung von Heike Günther

Zu diesem mit viel Engagement angereicherten Alltag kommen noch diverse Ausflüge, Führungen, Aktivitäten der einzelnen Werkstätten und Häuser sowie verschiedene saisonale Feierlichkeiten hinzu. Zu letzteren zählen das Biike-brennen, die Jahresbegrüßung, das Sommerfest und natürlich der Adventsbasar. Diese festlichen Höhepunkte bieten immer wieder Gelegenheit, mit der Oher und Reinbeker Nachbarschaft intensiver in Kontakt zu kommen und dabei auch Vorbehalte und Berührungsängste abzubauen.

Ausblick

Aktuell weist Sachsenwaldau etwa 150 Bewohner auf. Es sind überwiegend Menschen, die in der nahe gelegenen Großstadt ihre Lebensstabilität verloren und anschließend keinen eigenständigen Weg mehr aus ihrer Sucht- oder ihrer psychischen Erkrankung fanden. Mit Sachsenwaldau verbindet sich dann nicht selten die Hoffnung, mit f&w-Hilfe doch noch eine, wenn auch vielleicht etwas andere Lebensperspektive zu entwickeln. Deutlich wird dies zum Beispiel in den Lyrics des Liedes „Sachsenwaldau Nummer 8", geschrieben von dem im Oktober 2023 verstorbenen Musiker und Songwriter Ronald „Ronny" Götzelmann. Götzelmann, ein Bewohner Sachsenwaldaus, bereicherte mit seiner Band „Trio Grotesk" so manche Feier auf dem Gelände der Einrichtung:

Nach langer Zeit ging ich den Weg,
den Weg, den nur ein Ritter geht.
Lang und schwer ging's zu dem Ort,
kalt und finster war es dort.
Die Zeichen hoch am Firmament,
der Himmel rot, meine Seele brennt.
Tief in mir, ja da ist noch was,
Hoffnung und nicht lauter Hass.

Sachsenwaldau Nummer 8,
Hab ich lange nachgedacht
Sachsenwaldau Nummer 8
Tief in mir da bin ich wach

Die Dornen stießen in die Haut,
der Schmerz nicht leis', sondern meistens laut.
Der Drang in mir, ja der hielt mich wach,
die Stimme da doch manchmal schwach.
Die Zeit, die rinnt mir durch die Hand,
ich mach ja schon, ich hab's erkannt.

Hilfe ist nicht immer da,

doch manchmal schon, wie wunderbar.

Sachsenwaldau Nummer 8 ....

Nun steh ich hier und frag mich jetzt:

Warum gerannt, ja warum gehetzt?

Die Bilder ziehen an mir vorbei,

die Trauer groß, die Tränen dabei,

Werd' ich jemals wieder stark,

stark, dass ich mein Leben mag?

Reiche mir doch Deine Hand

und lass uns ziehen durch's Wunderland.

Sachsenwaldau Nummer 8 ....

Sachsenwaldau bietet für solche Neuanfänge einen ruhigen, reizarmen Ort mit viel Toleranz und Geborgenheit. Die Erfahrung lehrt, dass eine solche Umgebung die Heranführung der Klienten an strukturierte Abläufe, stets der erste Schritt auf dem Weg zur Stabilisierung, erleichtert.

Sinnvolle, berufsähnliche Tätigkeiten, die die individuelle Belastbarkeit berücksichtigen, sorgen für persönliche Erfolgserlebnissen und neue soziale Kontakte. Damit wachsen Selbstvertrauen, Zuversicht und Optimismus – wichtige Komponenten für eine gute, selbstbestimmte Zukunft. Gelegentliche Rückfälle ändern daran nichts, auch wenn möglicherweise an manchen Stammtischen konträre Meinungen kursieren. Der langfristige Erfolg spricht für den Weg Sachsenwaldaus.

Literaturangaben/Abbildungsverzeichnis

Alida-Schmidt-Stiftung (Redaktion): „Vom Hamburger Wohnstift zum sozialwirtschaftlichen Unternehmen – Alida Schmidt-Stiftung 1874 – 2014". Hamburg 2014

„Altonaer Nachrichten / Hamburger neueste Zeitung"-Redaktion: „Provinz und Nachbargebiete – Bergedorf", 19.08.1912. In: „Altonaer Nachrichten / Hamburger neueste Zeitung". Altona/Hamburg 1912

„Altonaer Nachrichten / Hamburger neueste Zeitung"-Redaktion: „Wieder Mütterverschickung der NSB", 22.10.1938. In: „Altonaer Nachrichten / Hamburger neueste Zeitung". Hamburg 1938

„Altonaer Nachrichten / Hamburger neueste Zeitung"-Redaktion: „2500 Mütter waren fröhlich", 15.03.1939. In: „Altonaer Nachrichten / Hamburger neueste Zeitung". Hamburg 1939

„Altonaischer Mercurius"-Redaktion: Kurzmitteilung zum Verkauf des Hofes Mühlenbek durch Diederich Willinck, 26.03.1807. In: „Altonaischer Mercurius". Altona 1807

„Altonaischer Mercurius"-Redaktion: „Die Landstelle Mühlenbeck", 21.05.1819. In: „Altonaischer Mercurius". Altona 1819

„Altonaischer Mercurius"-Redaktion: Anzeige zur Vermietung der Schmiede auf dem Hof Mühlenbek, 30.09.1824. In: „Altonaischer Mercurius". Altona 1824

„Altonaischer Mercurius"-Redaktion: Zweite Bekanntmachung des Obergerichtes Altona zum anstehenden Verkauf des Gutes Raguth, 25.06.1832. In: „Altonaischer Mercurius". Altona 1832

Arnold, Volker: „Spuren alter Besiedlung und Bodenbearbeitung". In: Heimatbund u. Geschichtsverein Herzogtum Lauenburg (Hrsg.): „Lauenburgische Heimat", Sonderheft 33, S. 176-195. Büchen 2020

„Badische Landeszeitung"-Redaktion: „Verschiedenes – Zum Tod von Baronin Merck", 23.08.1901. In: „Badische Landeszeitung". Karlsruhe 1901

Bahnsen, Uwe: „Ein Landgut als Schauplatz deutscher Geschichte", 18.04.2020. Unter: https://www.welt.de/print/die_welt/hamburg/article207337999/Ein-Landgut-als-Schauplatz-deutscher-Geschichte.html (Abgerufen: 20. November 2023)

Bakker, Jan Albert: „Is a social differentiation detectable in the TRB culture?". In:: „Journal of Neolithic Archaeology". Kiel 2010. Unter: https://doi.org/10.12766/jna.2010.36 (Abgerufen: 11. November 2023)

Bavendamm, Dirk: „Reinbek – Eine holsteinische Stadt zwischen Hamburg und Sachsenwald". Reinbek 1996

Beneker, Christian: „Es ist ein Suchen, Fallen und Aufstehen“, 23.09.2002. Unter: https://www.abendblatt.de/ratgeber/extra-journal/article107225665/Es-ist-ein-Suchen-Fallen-und-Aufstehen.html (Abgerufen: 25. November 2023)

„Berliner Börsen-Zeitung“-Redaktion: „Gestorben“, 27.08.1901. In: „Berliner Börsen-Zeitung“. Berlin 1901

Biernatzki, Hermann: „Das Marien-Magdalenen-Kloster zu Mühlenbeck an der Bille“. In „Nordalbingische Studien“, Band 5, S. 215-232. Kiel 1848

Biernatzki, Hermann / Schröder, Johannes von: „Topographie der Herzogthümer Holstein und Lauenburg“. Leipzig 1855

bismarck-familie.de-Redaktion: „Friedrichsruh“. Unter: https://www.bismarck-familie.de/?seite=landsitze&typ=friedrichsruh (Abgerufen: 25. August 2023)

Bleuler, Eugen: „Lehrbuch der Psychiatrie“. Berlin, Heidelberg, New York 1983

Block, August: „Papiermühlen“. Unter: http://www.blogus.de/Pmuehlen.html (Abgerufen: 5. August 2023)

Bluhm, Katrin: „Ehepaar Bohlens zieht Schlussstrich“, 11.03.2014. Unter: https://www.abendblatt.de/region/stormarn/reinbek/article125656446/Ehepaar-Bohlens-zieht-Schlussstrich.html (Abgerufen: 16. August 2023)

Bock, Günther: „Studien zur Geschichte Stormarns im Mittelalter“. In: Kreis Stormarn (Hrsg.): „Stormarner Hefte“, Nr. 19. Neumünster 1996

Böhner, Kurt: „Zur Erinnerung an Ernst Sprockhoff“, 28.06.2017. In: Römisch-Germanisches Zentralmuseum Mainz ((Hrsg.): „Jahrbuch des römisch-germanischen Zentralmuseums Mainz“, Nr. 14. Mainz 1967/2017

„Bonner Wochenblatt“-Redaktion: „Jagd und Sport“, 26.09.1887. In: „Bonner Wochenblatt“. Bonn 1887

„Bonner Zeitung“-Redaktion: Dementi des Majors von Krieger zu vermeintlicher Verkaufsabsichten bez. Sachsenwaldau, 08.09.1874. In: „Bonner Zeitung“. Bonn 1874

„Bonner Zeitung“-Redaktion: „Über den Besuch des Fürsten Hohenlohe und des Herrn von Bülow in Friedrichsruh“, 30.06.1897. In: „Bonner Zeitung“. Bonn 1897

Bürgerschaft der Freien und Hansestadt Hamburg, Haushaltsausschuss: „Zwischenbericht des Haushaltsausschusses, Drucksache 18/2005“, 06.04.2005. Hamburg 2005

Davids, Curt: „Das Schloß in Reinbek“. In: Kreis Stormarn (Hrsg.): „Stormarner Hefte“, Nr. 2. Neumünster 1975

Deutsches Reich Patentamt (Hrsg.): „Verzeichnis der von dem Kaiserlichen Patentamt im Jahre 1881 erteilten Patente“. S. 70f. Berlin 1881/82

„Deutsche Reichszeitung“-Redaktion: Kurznachricht zum vermeintlich anstehenden Verkauf Sachsenwaldaus durch Major von Krieger, 29.08.1874. In: „Deutsche Reichszeitung“. Bonn 1874

„Deutsches Volksblatt“-Redaktion: „Ankunft des Fürsten Bismarck in Friedrichsruh“, 25.12.1894. In: „Deutsches Volksblatt“. Wien 1894

„Dortmunder Zeitung“-Redaktion: „Aus Friedrichsruh“, 21.07.1891. In: „Dortmunder Zeitung“. Dortmund 1891

„Dortmunder Zeitung"-Redaktion: „Kunst, Wissenschaft und Leben – Vom ‚deutschen' Einjährigen zum Chef der Luftflotte von Guatemala", 03.10.1913. In: „Dortmunder Zeitung". Dortmund 1913

„Dortmunder Zeitung"-Redaktion: „Hamburg-Amerika Linie", 15.04.1926. In: „Dortmunder Zeitung". Dortmund 1926

Eberstein, Bernd: „Kaufleute, Konsuln, Kapitäne: Frühe deutsche Wirtschaftsinteressen in China". Unter: https://www.dhm.de/archiv/ausstellungen/tsingtau/katalog/auf1_1.htm (Abgerufen: 12. August 2023)

„Echo der Gegenwart"-Redaktion: Gegendarstellung von Major von Krieger bez. Verkaufsabsichten, 08.09.1874. In: „Echo der Gegenwart". Aachen 1874

Fink, Walter: „Das Amt Reinbek 1577-1800: Höfe, Mühlen, Vorwerke und ihre Besitzer". In: Zentralstelle für Personen- und Familiengeschichte (Hrsg.): „Genealogie und Landesgeschichte", Bd. 23. Frankfurt/M. 1969

foerdernundwohnen.de-Redaktion: „Vom Armenhaus zum Sozialunternehmen – 400 Jahre Fördern & Wohnen". Unter: https://www.foerdernundwohnen.de/unternehmen/historie (Abgerufen: 22. Oktober 2023)

gedenkstaetten-in-hamburg.de-Redaktion: „Lern- und Erinnerungsort für die Opfer der Zwangsfürsorge im Nationalsozialismus in Hamburg". Unter: https://gedenkstaetten-in-hamburg.de/gedenkstaetten/zeige/blaue-tafel-zum-pflegeheim-farmsen (Abgerufen: 12. Oktober 2023)

„General-Anzeiger"-Redaktion: „Millionäre in Deutschland", 17.08.1912. In: „General-Anzeiger". Dortmund 1912

Geschichts- und Museumsverein Reinbek e.V.: „Baumspaziergänge – Baumspaziergang am 11. Oktober 1992", 07.06.2018. Unter: https://www.museumsverein-reinbek.de/wp-content/uploads/2018/06/07-Von-der-Schlossstrasse-zum-Ziegelkamp.pdf (Abgerufen: 12. August 2023)

Geschichts- und Museumsverein Reinbek e.V.: „Bauernvogtei in Ohe". Unter: https://www.reinbeker-geschichten.de/bauernvogtei-in-ohe/ (Abgerufen: 19. August 2023)

Gesellschaft für Schleswig-Holsteinische Geschichte: „Urkundensammlung der Schleswig-Holstein-Lauenburgischen Gesellschaft für vaterländische Geschichte". Bd. 1. Kiel 1893

Glaser, Friedrich Carl (Hrsg.): „Glasers Annalen für Gewerbe und Bauwesen", Bd. 9, S. 21. Berlin 1881

gutshaeuser.de-Redaktion: „Gutshaus Raguth". Unter: https://gutshaeuser.de/de/guts_herrenhaeuser/gutshaeuser_r/gutshaus_raguth (Abgerufen: 30. November 2023)

Haarnagel, Werner: „Nachruf: Ernst Sprockhoff 1892-1967". In: Niedersächsisches Landesamt für Denkmalpflege (Hrsg.): „Nachrichten aus Niedersachsens Urgeschichte", Bd. 36. Hannover 1967

„Hamburger Abendblatt"-Redaktion: „"Brand im Zimmer", 22.01.2003. Unter: https://www.abendblatt.de/region/stormarn/article106798835/Brand-im-Zimmer.html (Abgerufen: 5. November 2023)

„Hamburger Abendblatt"-Redaktion: „"Kunstwerkstücke fördern Gemeinschaft", 11.05.2012. Unter: https://www.abendblatt.de/region/stormarn/reinbek/article112615274/Kunstwerkstuecke-foerdern-Gemeinschaft.html (Abgerufen: 13. November 2023)

„Hamburger Abendblatt"-Redaktion: „"Er hat starke ‚Bilder für die Seele' geschaffen", 08.06.2019. Unter: https://www.abendblatt.de/region/stormarn/reinbek/article225983997/Er-hat-starke-Bilder-fuer-die-Seele-geschaffen.html (Abgerufen: 11. November 2023)

„Hamburger Anzeiger"-Redaktion: „Großfeuer", 14.07.1899. In: „Hamburger Anzeiger". Hamburg 1899

„Hamburger Anzeiger"-Redaktion: „Einbrüche in den Schlössern der Umgebung Hamburgs", 17.06.1914. In: „Hamburger Anzeiger". Hamburg 1914

„Hamburger Anzeiger"-Redaktion: „Wir sorgen für Mutter und Kind", 14.02.1934. In: „Hamburger Anzeiger". Hamburg 1934

„Hamburger Anzeiger"-Redaktion: „Schutz der Landschaft – Schutz für den Siedler", 19.03.1934. In: „Hamburger Anzeiger". Hamburg 1934

„Hamburger Anzeiger"-Redaktion: „Aus Reinbeks vergangenen Tagen – Als Kloster Reinbek zerstört wurde", 03.01.1935. In: „Hamburger Anzeiger". Hamburg 1935

„Hamburger Anzeiger"-Redaktion: „Untergegangene Siedlungen und Wärder im Hamburger Marschgebiet", 13./14.06.1936. In: „Hamburger Anzeiger". Hamburg 1936

„Hamburger Anzeiger"-Redaktion: „Ich sah noch nie einen Wald im Schnee", 09.03.1937. In: „Hamburger Anzeiger". Hamburg 1937

„Hamburger Anzeiger"-Redaktion: „Studentinnen gingen in die Fabriken – und schickten Arbeiterinnen in die Ferien", 29.03.1938. In: „Hamburger Anzeiger". Hamburg 1938

„Hamburger Fremdenblatt"-Redaktion: „Aus dem Lande Stormarn", 09.08.1899. In: „Hamburger Fremdenblatt". Hamburg 1899

„Hamburger Fremdenblatt"-Redaktion: „Jubiläums-Ausstellung des Vereins zur Pflege der Photographie", 08.08.1900. In: „Hamburger Fremdenblatt". Hamburg 1900

„Hamburger Fremdenblatt"-Redaktion: „Nachbargebiete: Aumühle", 31.08.1915. In: „Hamburger Fremdenblatt". Hamburg 1915

„Hamburger Fremdenblatt"-Redaktion: „Freiherr Carl von Merck †" und drei Traueranzeigen, 18.11.1920. In: „Hamburger Fremdenblatt". Hamburg 1920

„Hamburger Fremdenblatt"-Redaktion: Anzeige zur Versteigerung von Sachsenwaldau, 30.04.1921. In: „Hamburger Fremdenblatt". Hamburg 1921

„Hamburger Fremdenblatt"-Redaktion: „Studentinnen lösten Mütter ab", 02.03.1938. In: „Hamburger Fremdenblatt". Hamburg 1938

„Hamburger Nachrichten"- Redaktion: Kurznachricht zum Tode von Johann Wohlers, 28.04.1798. In: „Hamburger Nachrichten". Hamburg 1798

„Hamburger Nachrichten": Bekanntmachung zur Mobiliar-Auktion von Major von Krieger 11.05.1876. In: „Hamburger Nachrichten". Hamburg 1876

„Hamburger Nachrichten": Anzeige „Evictionsproclam." bez. Sachsenwaldau, 01.06.1876. In: „Hamburger Nachrichten". Hamburg 1876

„Hamburger Nachrichten": „Licitations-Anzeige." bez. Sachsenwaldau, 27.06.1877. In: „Hamburger Nachrichten". Hamburg 1877

„Hamburger Nachrichten": „Vom ehemaligen Kloster Reinbeck.", 17.11.1885. In: „Hamburger Nachrichten".. Hamburg 1885

„Hamburger Nachrichten": „Schleswig-Holstein-Lauenburgische Regesten und Urkunden.", 07.09.1890. In: „Hamburger Nachrichten". Hamburg 1890

„Hamburger Nachrichten"-Redaktion: „Zur Ankunft des Fürsten Bismarck in Friedrichsruh", 08.10.1893. In: „Hamburger Nachrichten". Hamburg 1893

„Hamburger Nachrichten"-Redaktion: „Verzeichnis der am Sarge des Fürsten Bismarck niedergelegten Trauerkränze", 21.08.1898. In: „Hamburger Nachrichten". Hamburg 1898

„Hamburger Nachrichten"-Redaktion: „Tagesbericht: Freifrau Franciska Eveline Freifrau, geb. von Schröder, Gattin des Herrn Carl Freiherrn von Merck", 23.08.1901. In: „Hamburger Nachrichten". Hamburg 1901

„Hamburger Nachrichten"-Redaktion: „Villendiebe", 16.06.1914. In: „Hamburger Nachrichten". Hamburg 1914

„Hamburger Nachrichten"-Redaktion: „Vom Kloster Reinbek", 14.03.1921. In: „Hamburger Nachrichten",. Hamburg 1921

„Hamburger Nachrichten"-Redaktion: „Hamburg-Amerika Linie", 14.03.1928. In: „Hamburger Nachrichten". Hamburg 1928

„Hamburger Nachrichten"-Redaktion: „Marinejugend im Sachsenwald", 02.10.1928. In: „Hamburger Nachrichten". Hamburg 1928

„Hamburger Nachrichten"-Redaktion: „Festabend für die amerikanischen Reklamefachleute", 11.08.1929. In: „Hamburger Nachrichten". Hamburg 1929

„Hamburger Nachrichten"-Redaktion: Traueranzeige Carl Lembcke, 15.01.1937. In: „Hamburger Nachrichten". Hamburg 1937

„Hamburger Nachrichten"-Redaktion: „Der HAPAG-Abschluss", 14.06.1937. In: „Hamburger Nachrichten". Hamburg 1937

„Hamburger Nachrichten"-Redaktion: „Der HAPAG-Abschluss", 18.06.1938. In: „Hamburger Nachrichten". Hamburg 1938

„Hamburger neueste Zeitung"-Redaktion: „Amtliche Anzeigen – Landunternehmung Stellingen, Gesellschaft mit beschränkter Haftung […]", 18.11.1905. In: „Hamburger neueste Zeitung". Hamburg 1905

„Hamburger Tageblatt"-Redaktion: „Fünf Münchener Jungen an der Wasserkante", 21.02.1934. In: „Hamburger Tageblatt". Hamburg 1934

„Hamburger Tageblatt"-Redaktion: „Die Rettungstat der ‚New York'", 20.12.1934. In: „Hamburger Tageblatt". Hamburg 1934

„Hamburger Tageblatt"-Redaktion: „Werktätige Mütter fuhren in Urlaub", 02.03.1938. In: „Hamburger Tageblatt". Hamburg 1938

Hamburgische Landesstelle für Suchtfragen e. V., Büro Suchtprävention, Gabi Dobusch: „Kursbuch Sucht". Hamburg

Hamburgische Landesstelle für Suchtfragen e. V., Büro Suchtprävention, Theo Baumgärtner: „Jahresbericht 2005“. Hamburg 2006

Hamburgische Landesstelle für Suchtfragen e. V., Büro Suchtprävention, Gabi Dobusch: „Jahresbericht 2014“. Hamburg 2015

„Hamburgischer Correspondent“-Redaktion: „Aus den Nachbargebieten: Großfeuer“, 11.07.1899. In: „Hamburgischer Correspondent“. Hamburg 1899

„Hamburgischer Correspondent“-Redaktion: „Hamburg-Amerika Linie“, 14.04.1908. In: „Hamburgischer Correspondent“. Hamburg 1908

„Hamburgischer Correspondent“-Redaktion: „Aus den Nachbargebieten: Aumühle“, 14.04.1908. In: „Hamburgischer Correspondent“. Hamburg 1908

„Hamburgischer Correspondent“-Redaktion: „Aus den Nachbargebieten – 700jähriges Bestehen von Kirchsteinbek“, 23.08.1912. In: „Hamburgischer Correspondent“. Hamburg 1912

„Hamburgischer Correspondent“-Redaktion: „Aus den Nachbargebieten – Aumühle“, 05.02.1913. In: „Hamburgischer Correspondent“. Hamburg 1913

„Hamburgischer Correspondent“-Redaktion: „Aus den Nachbargebieten – Aumühle“, 05.02.1913. In: „Hamburgischer Correspondent“. Hamburg 1913

„Hamburgischer Correspondent“-Redaktion: Anzeige zum Verkauf von Sachsenwaldau, 03.04.1921. In: „Hamburgischer Correspondent“. Hamburg 1921

„Hamburgischer Correspondent“-Redaktion: Kurznachricht zum Brand in Sachsenwaldau, 05.02.1913. In: „Hamburgischer Correspondent“. Hamburg 1913

„Hamburgischer Correspondent“-Redaktion: „Hamburg-Amerika Linie“, 16.03.1922. In: „Hamburgischer Correspondent“. Hamburg 1922

„Hamburgischer Correspondent“-Redaktion: „Hamburg-Amerika Linie“, 15.04.1923. In: „Hamburgischer Correspondent“. Hamburg 1923

„Hamburgischer Correspondent“-Redaktion: „Aus der Deutschen Volkspartei – Landesverband Hamburg“, 24.05.1924. In: „Hamburgischer Correspondent“. Hamburg 1924

„Hamburgischer Correspondent“-Redaktion: „Zur Nacheiferung!“, 09.02.1934. In: „Hamburgischer Correspondent“. Hamburg 1934

Hapag-Lloyd AG: „Schifffahrt made in Hamburg – Die Geschichte der Hapag-Lloyd AG“. Hamburg

Hapag-Lloyd AG: „Das Ballin-Haus: Ein Detail Hamburger Geschichte“. Hamburg

Hapag-Lloyd AG: „Albert Ballin und die Hapag: Geboren in Hamburg, in der Welt zuhause“. Hamburg

Hauck, Albert: „Kirchengeschichte Deutschlands – Vierter Teil“. Leipzig 1913

Hauschildt, Elke: „Auf den richtigen Weg zwingen – Trinkerfürsorge 1922 bis 1945“. Freiburg im Breisgau 1995

Hennies, Matthias: „Norddeutschland – Hünengräber liefern Einsichten in die Jungsteinzeit“, 12.11.2015. Unter: https://www.deutschlandfunk.de/norddeutschland-huenengraeber-liefern-einsichten-in-die-100.html / (Abgerufen: 5. August 2023)

Hergenhan, Otto: „Trittau – eine Heimatgeschichte". In: Kreis Stormarn (Hrsg.): „Stormarner Hefte", Nr. 5. Neumünster 1978

Heuer, Hans: „Das Kloster Reinbek". Neumünster 1985

Hill, Thomas: „Klöster in Schleswig-Holstein". Unter: https://geschichte-s-h.de/sh-von-a-bis-z/k/kloester-in-schleswig-holstein/ (Abgerufen: 13. August 2023)

Hoffmann, Gerd: „Bergedorf bei Hamburg". Hamburg 1994

Holz, Susanne: „Letzter Weg führte sie in den Wald", 22.05.2012. Unter: https://www.abendblatt.de/region/stormarn/reinbek/article112615989/Letzter-Weg-fuehrte-sie-in-den-Wald.html (Abgerufen: 12. November 2013)

„La Ilustración militar"-Redaktion: „El barón Ernesto de Merck.", 15.02.1907. In: „La Ilustración militar". Madrid 1907

Jones, J. Bascom (Hrsg.): „The Blue Book of Guatemala". New Orleans 1915

JuraMagazin-Redaktion: „Die Einrichtung Fördern und Wohnen Sachsenwaldau ist eigentlich eine sozialtherapeutische Einrichtung für suchtkranke Menschen". Unter: https://www.juramagazin.de/139854.html (Abgerufen: 20. November 2023)

JuraMagazin-Redaktion: „Pflegebedürftige Behinderte im Heinrich-Eisenbarth-Heim". Unter: http://www.juramagazin.de/155046.html (Abgerufen: 20. November 2023)

JuraMagazin-Redaktion: „10,137 Millionen DM für das Heinrich-Eisenbarth-Heim". Unter: https://www.juramagazin.de/148670.html Abgerufen: 20. November 2023)

Kaiserliches Patentamt (Hrsg.): „Auszüge aus den Patentschriften", Bd. 2, S. 70f. Berlin 1881

Kaiserliches Patentamt (Hrsg.): „Auszüge aus den Patentschriften", Bd. 2, S. 120. Berlin 1881

Kaiserliches Patentamt: „Verzeichnis der von dem Kaiserlichen Patentamt im Jahre 1881 ertheilten Patente". Berlin 1882

„Kikeriki"-Redaktion: Beilage „Internatinale Landwirtschaftliche Tier-Ausstellung zu Hamburg 1883.", 22.07.1882. In: „Kikeriki". Wien 1882

Klenner, Fritz: „Der IV. Deutsche Arbeiterjugendtag". In: „Der jugendliche Arbeiter", 1925

„Kölnische Zeitung"-Redaktion: Kurznachricht zum Tode von Ernst Merck, 08.07.1863. In: „Kölnische Zeitung". Köln 1863

„Kölnische Zeitung"-Redaktion: Immobilienanzeige zum „Landgut in unmittelbarer Nähe Hamburg's", 03.05.1873. In: „Kölnische Zeitung". Köln 1873

„Kölnische Zeitung"-Redaktion: „Aus dem Herzogtum Lauenburg", 22.08.1880. In: „Kölnische Zeitung". Köln 1880

„Kölnische Zeitung"-Redaktion: Anzeige „Internatinale Landwirtschaftliche Tier-Ausstellung zu Hamburg 1883.", 09.06.1882. In: „Kölnische Zeitung". Köln 1882

„Kölnische Zeitung"-Redaktion: Traueranzeige Harriet von Merck, 07.03.1934. In: „Kölnische Zeitung". Köln 1934

koethel.de-Redaktion: „Geschichte der Gemeinde". Unter: https://koethel.de/geschichte-der-gemeinden/ (Abgerufen 15. August 2023)

Kohl, Horst: „Mein erster Besuch bei Fürst Bismarck", 04.04.1915. In: „Neue Freie Presse", Nr. 18181, S. 38-45. Wien 1915

Kohut, Adolf: „Eine Freundin Bismarcks", 25.03.1917. In: „Neues Wiener Journal", Nr. 8405, S. 4-5. Wien 1917

Koordinierungsstelle Gesundheitliche Chancengleichheit Hamburg (KGC) in der Hamburgischen Arbeitsgemeinschaft für Gesundheitsförderung e.V. (HAG) (Hrsg.): „Wer pflegt Herrn K.? – Pflege ohne Obdach: Wie Wohnungslosenhilfe und Pflegesystem besser kooperieren und damit obdachlosen Männern und Frauen helfen können". Hamburg 2016

Kröger, Uwe (Autor): „Maße/Gewichte". In: Lorenzen-Schmidt, Klaus-Joachim; Pelc, Ortwin (Hrsg.): „Schleswig-Holstein Lexikon". Neumünster 2006

Kuhlmann, Imke: „Das Geheimnis des alten Reinbeker Klosters", 20.10.2018. Unter: https://www.abendblatt.de/region/stormarn/article215606421/Das-Geheimnis-des-alten-Reinbeker-Klosters.html (Abgerufen 17. August 2023)

Kuhlmann, Imke: „Naturschutz als sinnvolle Therapie", 14.06.2023. Unter: https://hamburgerwochenblatt.de/glinder-zeitung/reinbek/naturschutz-als-sinnvolle-therapie/ (Abgerufen 16. November 2023)

kultur-stormarn.de-Redaktion: „Ehemaliges Elektrizitätswerk". Unter: https://www.kultur-stormarn.de/stormarn-smart-entdecken/reinbek/view/19 (Abgerufen 16. August 2023)

Lau, Georg Johann Theodor: „Geschichte der Einführung und Verbreitung der Reformation in den Herzogthümern Schleswig-Holstein bis zum Ende des 16. Jahrhunderts". Hamburg 1867

Lisch, Georg Christian Friedrich: „Die Bewidmung des Klosters Reinbek durch den Grafen Albert von Orlamünde, Grafen von Nordalbingien, und die Besitzungen des Klosters in Meklenburg". In: Verein für Mecklenburgische Geschichte und Altertumskunde (Hrsg.): „Jahrbücher des Vereins für Mecklenburgische Geschichte und Altertumskunde", Band 25, S. 190-202. Schwerin 1860

Lisch, Georg Christian Friedrich: „Vermischte Urkunden". In: Verein für Mecklenburgische Geschichte und Altertumskunde (Hrsg.): „Jahrbücher des Vereins für Mecklenburgische Geschichte und Altertumskunde", Band 25, S. 203-208. Schwerin 1860

„Loki Schmidt Stiftung 2018"-Redaktion: „Gemeinsam mehr für die Natur erreichen – Ausgewählte Beispiele wirksamer Unternehmenskooperationen". In: „Loki Schmidt Stiftung 2018"-Redaktion (Hrsg.): „Loki-Schmidt Stiftung 2018", S. 12-13. Hamburg 2018

Meiffert, Nicole: „Die Geschichte des Amtes Reinbek 1576 – 1773". Neumünster 1995

Mengele, Hans-Peter: „Palais Biron Baden-Baden: Eine Zeitreise durch zwei Jahrhunderte". Ubstadt-Weiher 2009

Meyer-Wellmann, Jens: „Eines der längsten Tagebücher der Welt", 25.012017. Unter: https://www.abendblatt.de/vermischtes/journal/thema/article209387579/Eines-der-laengsten-Tagebuecher-der-Welt.html (Abgerufen: 23. August 2023)

„Mittelrheinische Landeszeitung"-Redaktion: „Die Rettungstat der ‚New York'", 20.12.1934. In: „Mittelrheinische Landeszeitung". Bonn 1934

Moszczynski, Barbara: „Reinbeker Weihnachts-Krippe geht auf Abenteuerreise", 25.11.2016. Unter: https://www.abendblatt.de/region/stormarn/article208795261/Reinbeker-Weihnachts-Krippe-geht-auf-Abenteuerreise.html (Abgerufen: 22. November 2023)

Mücke, Ulrich (Hrsg.): „The Diary of Heinrich Witt". Band 1-10. Leiden (NL) 2015

Mühlfried, Klaus: „Baukunst als Ausdruck politischer Gesinnung – Martin Haller und sein Wirken in Hamburg" (Dissertation an der Universität Hamburg). Hamburg 2005

Müller, Barbara / Müller, Monika E.: „Die Hamburger Beginen bei St. Jacobi im Kontext ihrer Handschriften und Kultur". In: Müller, Barbara / Müller, Monika E (Hrsg.): „Hamburger Studien zu Gesellschaften und Kulturen der Vormoderne", Bd. 21. Stuttgart 2022

Müller, Johannes: „Neolithische Monumente und neolithische Gesellschaften". In: Beier,, Hans J. / Claßen, Erich / Doppler, Thomas / Ramminger, Britta (Hrsg.): „Varia neolithica VI", S. 7-16. Langenweißbach 2010

Museumsverein Reinbek e.V.: „775 Jahre Reinbek – ein langer Weg zur Stadt". Reinbek 2013

Museumsverein Reinbek e.V.: „Wege Straßen, Brücken und Plätze in Reinbek". Unter: https://www.museumsverein-reinbek.de/wp-content/uploads/2019/11/Reinbek_Wege_und_Straßen_2019.pdf (Abgerufen: 11.Oktober 2023)

„Neue Hamburger Zeitung"-Redaktion: Kurznachricht zu elektrischem Licht in Sachsenwaldau, 20.11.1900. In: „Neue Hamburger Zeitung". Hamburg 1900

„Neue Hamburger Zeitung"-Redaktion: Kurznachricht zur Beerdigung der Baronin von Merck, 23.08.1901. In: „Neue Hamburger Zeitung". Hamburg 1901

„Neue Hamburger Zeitung"-Redaktion: Kurznachricht zum beinahe ertrunkenen Mädchen in Sachsenwaldau, 14.04.1908. In: „Neue Hamburger Zeitung". Hamburg 1908

„Neues Wiener Journal"-Redaktion: „Erinnerungen an den Fürsten Bismarck", 04.03.1915. In: „Neues Wiener Journal". Wien 1915

„Neues Wiener Journal"-Redaktion: „Aus aller Welt – Zum Tode von Baron von Merck", 24.11.1920. In: „Neues Wiener Journal". Wien 1920

„Neues Wiener Tagblatt"-Redaktion: „Bismarck's Reise nach Wien", 19.06.1892. In: „Neues Wiener Tagblatt". Wien 1892

„Neues Wiener Tagblatt"-Redaktion: Kurznachricht zur Radtour von Baron Merck und Baron Rothschild, 26.07.1898. In: „Neues Wiener Tagblatt". Wien 1898

„Neues Wiener Tagblatt"-Redaktion: „Millionäre in Deutschland", 08.08.1912. In: „Neues Wiener Tagblatt". Wien 1912

Norddeutsche-Bank-Redaktion: „Jahres-Bericht über das 58ste Geschäftsjahr der Norddeutschen Bank in Hamburg für die am 8. April 1915 stattfindende ordentliche Generalversammlung der Anteilseigner". Hamburg 1915

Norddeutsche-Bank-Redaktion: „Jahres-Bericht über das 64ste Geschäftsjahr der Norddeutschen Bank in Hamburg für die am 12. Mai 1921 stattfindende ordentliche Generalversammlung der Anteilseigner". Hamburg 1921

NP-Redaktion: „Menschen, die mit dem Leben nicht fertig wurden", 26. März 1962. In: „Honnefer Volkszeitung". Bad Honnef 1962

Olters, Anne: „Alte Klostermauern entdeckt". In: „Bergedorfer Zeitung", 09.02.1982. Hamburg 1982

palais-biron.de-Redaktion: „Geschichte des Palais Biron". Unter: https://www.palais-biron.de/das-palais-biron/geschichte-des-kulturdenkmals/ (Abgerufen: 18. Oktober 2023)

Penzler, Johannes: „Fürst Bismarck nach seiner Entlassung – Leben und Politik des Fürsten seit seinem Scheiden aus dem Amte aufgrund aller authentischen Kundgebungen". Leipzig 1898

„Photographische Rundschau"-Redaktion: „Photographische Rundschau – Centralblatt für Amateurphotographie", 15. Jahrgang. Halle a.d. Saale 1901

Plog, Uwe: „Reinbeker Chronik 2013". Unter: https://www.reinbek.de/reinbek-unsere-stadt/geschichte-und-historie/chronik (Abgerufen: 18. November 2023)

Prange, Wolfgang: „Trittau in lübischer Hand". In: Verein für Lübeckische Geschichte und Altertumskunde (Hrsg.): „Zeitschrift des Vereins für Lübeckische Geschichte und Altertumskunde", Band 79, S. 146-163. Lübeck 1999

„Die Presse"-Redaktion: „Unterhaltungen des Fürsten Bismarck", 24.07.1896. In: „Die Presse". Wien 1896

Puppel, P.: „Spende für Frauen in Sachsenwaldau". Unter: https://zonta-aumuehle-sachsenwald.de/node/18894 (Abgerufen: 23. Oktober 2023)

„Ratinger Zeitung"-Redaktion: „Kleines Feuilleton – Wie man in Südamerika Karriere macht", 08.10.1913. In: „Ratinger Zeitung". Ratingen 1913

Reclam, Antje: „Zur Morphogenese des Billetales zwischen Witzhave und Bergedorf (bei Hamburg)", In: „Eiszeitalter und Gegenwart", S. 159-175. Hannover 1981

Reizenstein, C. Chl. von (Autor), Historischer Verein für Oberfranken (Hrsg.): „Regesten der Grafen von Orlamuende aus Babenberger und Askanischem Stamm mit Stammtafeln, Siegelbildern, Monumenten und Wappen". Bayreuth 1871

„Rheinisch-Westfälische Zeitung"-Redaktion: „Zur Geburtstagsfeier des Fürsten Bismarck", 03.04.1890. In: „Rheinisch-Westfälische Zeitung". Essen/Dortmund 1890

„Rhein- und Ruhrzeitung"-Redaktion: „Der Sachsenwald", 10.04.1890. In: „Rhein- und Ruhrzeitung". Duisburg/Mülheim a.d. Ruhr 1890

Riess, Curt: „Total Esponage". New York 1941

„Ruhrorter Zeitung"-Redaktion: „Fürst Bismarck in Hamburg", 08.05.1891. In: „Ruhrorter Zeitung". Ruhrort 1891

Scheibel, Albert: „Als Tischgast bei Bismarck", 01.04.1925. In: „Dortmunder Zeitung". Dortmund 1925

Scherping, Regina: „Kloster Reinbek – Die Grabungen der Jahre 1985-1987". In: Kreis Stormarn (Hrsg.): „Stormarner Hefte", Nr. 20, S. 187-223. Neumünster 1997

Schlick, Moritz: „Allgemeine Erkenntnislehre". In: Berliner, Arnold / Pütter, August: „Naturwissenschaftliche Monographien und Lehrbücher" Band 1. Berlin 1918

Schramm, Percy Ernst: „Neun Generationen – 300 Jahre deutscher Kulturgeschichte im Lichte der Schicksale einer Hamburger Bürgerfamilie, 1648-1948" Band I+II. Göttingen 1963

Schubert, Hans von: „Die Entstehung der Schleswig-Holsteinischen Landeskirche". Neumünster 1895

Schürmann, Bodo: „Nach der Vernichtung: Der Umgang mit Menschen mit Behinderungen in der Hamburger Politik und Gesellschaft: 1945 bis 1970". Münster 2018

Schulz, Alexandra: „Wie Pferde Managern das Führen beibringen", 19.01.2013. Unter: https://www.welt.de/regionales/hamburg/article112865235/Wie-Pferde-Managern-das-Fuehren-beibringen.html (Abgerufen: 11. November 2023)

Schwabedissen, Hermann: „Die jungsteinzeitlichen Wohnplätze der Trichterbecherkultur auch Sachsenwaldau und Wolkenwehe". In: Hingst, Hans (Hrsg.): „Vorgeschichte des Kreises Stormarn." Bd. V, S. 24-27. Neumünster 1959

Schwarz, Ullrich: „Christian Frederik Hansen und die Architektur um 1800". Berlin 2003

Sprockhoff, Ernst: „Kammerlose Hünenbetten im Sachsenwald", In: „Offa Band 13", S. 1-16. Neumünster 1954

Stahl, Daniel: „Hunt for Nazis – South America's Dictatorships and the Prosecution of Nazi Crimes". Amsterdam 2017

„Staats- und Gelehrte Zeitung des Hamburgischen unpartheyischen Correspondenten"-Redaktion: Ankündigung des Verkaufs der Landstelle Mühlenbeck, 01.01.1813. Hamburg 1813

Stickel, Hans-Heinrich: „Unterschiedliche Wege zur modernen Kleinstadt – Die Stormarner Landgemeinden Glinde und Reinbek im Kaiserreich zwischen 1892 und 1914" Dissertation an der Universität Hamburg. Hamburg 2007

Stüben, Joachim: „Geschichte des Zisterzienserinnenklosters Uetersen von den Anfängen bis zum Aussterben des Gründergeschlechts (1235/37–1302)". Berlin/Boston 2018

Tödt, Helga: „Caspar Andreas und seine Kinder – Die Chronik der Familie Ziese aus Angeln". Berlin 2016

Uslar, Justus Ludewig von: „Die Bodenvergiftung durch die Wurzel-Ausscheidungen der Pflanzen als vorzüglichster Grund für die Pflanzen-Wechsel-Wirthschaft". Altona 1844

Walczok, Carsten: „Kloster Reinbek – oder wie Reinbek seinen Anfang nahm". Unter: https://docplayer.org/25002753-Kloster-reinbek-oder-wie-reinbek-seinen-anfang-nahm.html (Abgerufen: 18.08.2023)

Wedel, Heinrich von: „Geschichte des Schlossgesessenen Geschlechtes der Grafen und Herren von Wedel, 1212-1402". Leipzig 1894

Whitman, Sidney: „Personal Reminiscences of Prince Bismarck". Whitefish/Montana, 1902/2015

„Wiener Allgemeine Zeitung"-Redaktion: „Tagesbericht: Fürst Bismarck als Gutsherr", 17.09.1880. In: „Wiener Allgemeine Zeitung". Wien 1880

„Wiener Zeitung"-Redaktion: „Amtsblatt zur Wiener Zeitung – Kundmachungen", 20.05.1881. In: „Wiener Zeitung". Wien 1881

„Wiener Zeitung"-Redaktion: „Wiener Abendpost – Beilage zur Wiener Zeitung: Fürst Bismarck † ", 01.08.1898. In: „Wiener Zeitung". Wien 1898

Wetzel, Christa: „A short biography of Heinrich Witt". In: Mücke, Ulrich (Hrsg.): „The Diary of Heinrich Witt". Band 2, S. XII. Leiden (NL) 2015

Willems, Walter: „Woher der Megalith-Trend der Steinzeit kam", 13.02.2019. Unter: https://www.spiegel.de/wissenschaft/mensch/archaeologie-megalith-kultur-entstand-in-frankreich-a-1252989.html (Abgerufen: 21. Oktober 2023)

Witzke, Thomas: „Megalithgräber und Menhire in Schleswig-Holstein". Unter: https://tw.strahlen.org/praehistorie/schlholst/sachsenwaldalterhau1.html und Folgeseiten (Abgerufen: 20. Oktober 2023)

Würdemann, Ulrich: „Versorgungsheim Farmsen". Unter: https://www.2mecs.de/wp/2022/01/versorgungsheim-farmsen/ (Abgerufen: 20. Oktober 2023)

Außerdem wurden zu allen sechs Kapiteln diverse digitale Dokumente und Informationen aus folgenden Archiven und Nachschlagewerken genutzt:
- die Archive verschiedener Tageszeitungen aus Berlin und Hamburg unter https://www.europeana.eu,
- die Archive der Hamburger Presse aus den Jahren 1700 bis 1945 unter https://zeitungen.sub.uni-hamburg.de/,
- die Archive verschiedener Tageszeitungen aus Sachsen unter https://sachsen.digital,
- die Archive diverser Tageszeitungen aus Nordrhein-Westfalen unter https://zeitpunkt.nrw,
- die Österreichische Nationalbibliothek: ANNO Historische Zeitungen und Zeitschriften https://anno.onb.ac.at/,
- die Online-Enzyklopädie https://de.wikipedia.org,
- die genealogischen Plattformen geneanet.org, myheritage.com, merkel-zeller.de, hamburger-persoenlichkeiten.de, lagis-hessen.de, woydt.be, geni.com, slaegter.dk,

Abbildungsverzeichnis:

Cover: Komposition aus

Foto von Ronald Hartmann (Gutshaus);

https://commons.wikimedia.org/w/index.php?curid=2117902 (Bismarck);

https://commons.wikimedia.org/w/index.php?curid=12670380 (Papiermüller);

©tugdeyildirim1 / pixababy.com (7103370) (Nonnen)

©OpenClipart-Vectors / pixababy.com (575489) (Megalithen)

©OpenClipart-Vectors / pixababy.com (157687) (Straße)

Abb. 1: https://commons.wikimedia.org/w/index.php?curid=95605667 – Ausschnitt + digitale Nachbearbeitung

Abb. 2: https://commons.wikimedia.org/w/index.php?curid=95605659

Abb. 3: https://commons.wikimedia.org/w/index.php?curid=17188900

Abb. 4: eigenes Werk – Zeichnung + digitale Nachbearbeitung

Abb. 5: https://commons.wikimedia.org/w/index.php?curid=553365

Abb. 6: https://commons.wikimedia.org/w/index.php?curid=3452357

Abb. 7: https://commons.wikimedia.org/w/index.php?curid=207344

Abb. 8: „Hamburger Nachrichten", 1. Juni 1876

Abb. 9: „Hamburger Nachrichten", 27. Juni 1877

Abb. 10: https://commons.wikimedia.org/w/index.php?curid=5419804

Abb. 11: Zeichnung von Georg Arnould (1843 – 1913) – Scan + digitale Nachbearbeitung

Abb. 12: https://commons.wikimedia.org/w/index.php?curid=145093

Abb. 13: „Hamburgischer Correspondent", 21. Mai 1915

Abb. 14: https://commons.wikimedia.org/w/index.php?curid=58189083

Abb. 15: „Hamburger Fremdenblatt", 18. November 1920

Abb. 16: eigenes Werk – Foto, Scan + digitale Nachbearbeitung

Abb. 17: https://commons.wikimedia.org/w/index.php?curid=52696193

Abb. 18: „Hamburger Nachrichten", 15. Januar 1937

Abb. 19: „Hamburger Nachrichten", 19. Juni 1933

Abb. 20: https://commons.wikimedia.org/w/index.php?curid=103058929

Abb. 21: Foto von Heike Günther

Abb. 22: Foto von Heike Günther

Verlinkungen zu den jeweiligen CC-Lizenzbedingungen:

https://creativecommons.org/publicdomain/mark/1.0/

https://creativecommons.org/licenses/by/3.0/

https://creativecommons.org/licenses/by-sa/4.0/